Insekten
und
Spinnen

Insekten
und
Spinnen

Die Vielfalt der Arten

Ravensburger Buchverlag

Inhalt

Weltmacht Insekten   6

Welt voll Gesumm   24

Die Spinnen-Story   46

Wegweiser zum Wissen

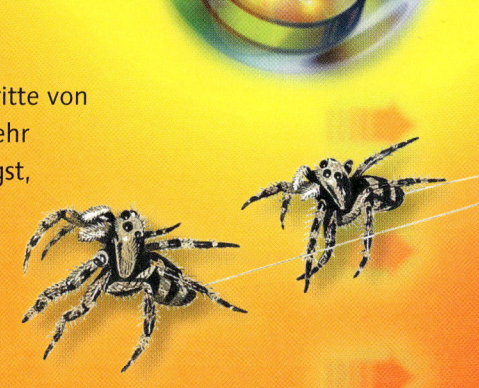

Die Welt wimmelt von Tieren – nicht wenige leben nur ein paar Schritte von dir entfernt oder ganz in der Nähe deines Wohnorts. Möchtest du mehr über Insekten und Spinnen erfahren? Wenn du dieses Buch aufschlägst, wirst du aus dem Staunen nicht herauskommen. Lies von vorne bis hinten alles, damit du die Sechsbeiner und die Achtbeiner gut kennenlernst. Oder mach es anders. Wolltest du schon immer wissen, wie das mit den „Insektenstaaten" ist? Dann sieh dir die Seiten über die „Stachelträger" genauer an. Von dort aus findest du Wegweiser zu anderen Themen, die dich vielleicht auch interessieren. In „Insidestory" liest du über das Verhalten von Insekten und Spinnen, und mit „Sei aktiv!" bist du mitten in der Natur.

INSIDESTORY
Die Welt im Kleinen

Sieh einer Spinne beim Netzweben zu. Lies über Experten, die eine Insektenart mit einer anderen bekämpfen. Lies mehr über die Geißel heißer Sommerabende, die Mücken. Schau hinaus – eine Armee Treiberameisen naht! Mit INSIDESTORY erhältst du Einblick in das Wirken von Insekten und Spinnen in unserer Umwelt. Nie wieder wird dich der Anblick eines Ameisenhaufens oder eines Spinnennetzes gleichgültig lassen!

SEI AKTIV!
Mach es selbst!

Teste mit Papier und einem Löffel voll Marmelade, wie Ameisen ihre Nahrung finden. Lerne die besten Methoden kennen, mit denen man Insekten fängt. Suche in deiner Umgebung nach Zikaden. Erfahre, wo und wie du Spinnen findest. Die SEI AKTIV!-Kästen bieten Projekte und Experimente, mit denen die Welt der Insekten und Spinnen für dich zu Leben erwacht.

WÖRTERBUCH

Ein komisches Wort! Was bedeutet es? Woher stammt es? Du erfährst es im WÖRTERBUCH.

SCHON GEWUSST?

Beeindruckende Fakten, überraschende Rekorde, faszinierende Zahlen – all dies findest du im Kästchen SCHON GEWUSST?

WEGWEISER

Im Kästchen WEGWEISER wirst du zu anderen Themen geführt, die mit dem, was du gerade liest, in Zusammenhang stehen.

Auf die Plätze!
Fertig! Los!

Weltmacht Insekten

Lerne einige der kleinsten Erdbewohner kennen. Sieh dir an, wie sie von innen und von außen aussehen – wie sie leben, sich verständigen, sich verwandeln und wachsen. Mach die Bekanntschaft einiger Stars der Insektenwelt. Finde heraus, was Schnabelkerfe eigentlich sind. Danach sieh dir die Käfer an – die zahlreichsten aller Insekten. Staune über buntgeflügelte Schmetterlinge und geh dann in die unterirdische Welt einer Ameisenkolonie. Schau in einen Bienenstock hinein, bevor du mit den Fliegen davonschwirrst. Nimm dir Zeit, die Insektenwelt zu erkunden. Blättere weiter.

Spinne

Zecke

Tausendfüßer

Skorpion

Was ist ein Insekt?

Insekten sind die erfolgreichsten Tiere auf Erden. Wissenschaftler haben bereits über eine Million verschiedene Insektenarten bestimmt, aber insgesamt könnten es gar 30 Millionen sein. Und einige dieser Arten gibt es schon seit Jahrmillionen.

Insekten gehören zur Gruppe der Gliederfüßer oder Arthropoden. Zu ihnen zählen auch Spinnen, Skorpione, Krebse und Tausendfüßer. Allen gemeinsam ist ein starres Außenskelett anstelle eines inneren Skeletts. Das Außenskelett besteht aus Chitin. Dieser hornähnliche Stoff ist leicht und dennoch fest, strapazierfähig und äußerst formbar. Das Ergebnis ist eine schützende Außenhülle, deren Gewicht ihren Träger nicht niederdrückt.

Jede Untergruppe der Gliederfüßer hat ihre ganz bestimmten Merkmale. So ist der Körper der Insekten meist in drei Teile gegliedert. Der erste ist der Kopf, der die Augen, zwei Fühler, die Mundwerkzeuge und das Gehirn enthält. Der zweite ist der Thorax (Brustabschnitt), an dem die Flügel und drei Beinpaare sitzen. Er enthält auch alle Muskeln, die die Beine und Flügel betätigen. Als Letztes kommt der Abdomen (Hinterleib), in dem sich die übrigen inneren Organe des Insekts befinden. Die meisten Insekten – vom Schmetterling bis zur Schabe – haben diese Merkmale.

Krebse, Spinnen, Skorpione, Tausendfüßer, Hundertfüßer, Zecken und Milben sind Gliederfüßer oder Arthropoden. Jede Gruppe unterscheidet sich in mehrfacher Hinsicht von den Insekten. So haben manche acht Beine, wie Skorpione und Spinnen. Andere, wie Tausendfüßer, haben Körper, die aus viel mehr als nur drei Teilen bestehen.

Fühler
Mit diesen beiden Sinnesorganen kann ein Insekt chemische Stoffe, Wärme und Erschütterungen wahrnehmen.

Kopf
Der Kopf ist einer der stärksten Körperteile – ein guter Schutz für das Gehirn.

Torax
Die Beine und Flügel sind an der Brust befestigt.

Komplexauge
Jedes Komplexauge des Tigerkäfers ist aus 26 000 dicht gepackten Linsen zusammengesetzt.

Taster
Mit diesen Sinnesorganen wird Nahrung ertastet und zum Mund geführt.

Mundwerkzeuge
Bei diesem Insekt sind die Mundwerkzeuge hart, scharf und sitzen an starken Muskeln.

Tagfalter

Thrips

WÖRTERBUCH

ARTHROPODEN ist der Fachausdruck für Gliederfüßer. Er setzt sich aus griechisch arthro für „Gelenk" und podos für „Fuß" zusammen.

INSEKT kommt von lateinisch insectus für „eingeschnitten, gegliedert, gekerbt". Der Ausdruck bezieht sich auf den für Insekten typischen Einschnitt zwischen Brust und Hinterleib. Im Deutschen leitet sich davon das Wort Kerbtier für Insekt ab.

SCHON GEWUSST?

Manche Insekten leben in einer unwirtlichen Umwelt. Die Petroleumfliege lebt in Erdölsümpfen. Sie saugt die in das Öl gefallenen Insekten aus.

Schneeflöhe leben bei Minustemperaturen. Wenn man sie anfasst, bringt die Hautwärme sie in Sekundenschnelle um.

Die Larven mancher Milben kann man in kochendes Wasser werfen, und sie überleben das!

WEGWEISER

- Willst du mehr über Käfer wissen, blättere weiter zu S. 20–21.
- Mehr über Insektenflügel steht auf Lies S. 38–39.
- Über die Unterschiede zwischen Spinnen und Insekten kannst du auf S. 48–49 lesen.

Mit seinen großen Augen, messerscharfen Kiefern und starken Laufbeinen hat dieser hübsche Tigerkäfer seinen Namen verdient. Er ist ein wahres Raubtier. Seine Augen nehmen auch die kleinste Bewegung eines möglichen Opfers wahr. Er läuft schneller als die meisten anderen Insekten – um sie zu fangen oder um vor ihnen zu fliehen.

Deckflügel und Flügel
Ein Käfer hat Deckflügel (Elytren). Sie sind als Schutz über die dünnhäutigen Hinterflügel gelegt.

DIE ERFOLGSSTORY
Insekten kommen beinahe überall vor: in Ozeanen, Polargebieten oder auf Berggipfeln. Die Tiere unten sind alles Grillen, doch jede hat sich an ihren besonderen Lebensraum angepasst.

Die in Wäldern und Grasländern lebende grüne Laubheuschrecke braucht eine gute Tarnung. Große Augen achten auf Gefahr, während lange Beine und Flügel eine schnelle Flucht ermöglichen.

Abdomen
Der gewöhnlich größte Teil eines Insektenkörpers enthält die meisten lebenswichtigen Organe.

Die Feldgrille hat kräftige Mundwerkzeuge, um ihre vielseitige Nahrung zu bewältigen. Auf ihren langen und kräftigen Hinterbeinen springt sie durch die Gräser der Wiesen, wo sie lebt.

Bein
Die meisten Insekten haben sechs Beine. Die Beine sind unterschiedlich lang und meist in fünf Glieder unterteilt.

Es gibt bis zu 400 Millionen Jahre alte Insektenfossilien. Insektenüberreste sind zerbrechlich, sodass nicht viele als Fossilien erhalten geblieben sind. Manchmal aber wurden Geschöpfe wie diese 40 Millionen Jahre alte Heuschrecke im klebrigen Harz der Bäume eingeschlossen. Als sich der Harz zu Bernstein verfestigte, blieb die Heuschrecke perfekt erhalten.

Fuß
Der Fuß eines Insekts kann Haken, Polster oder Saugnäpfchen tragen, mit denen es sich an Flächen oder Beute festhalten kann.

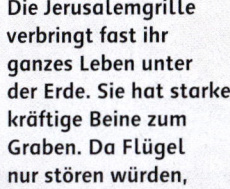

Die Jerusalemgrille verbringt fast ihr ganzes Leben unter der Erde. Sie hat starke, kräftige Beine zum Graben. Da Flügel nur stören würden, hat sie keine.

Silberfischchen   Florfliege

Nahaufnahme

Insekten essen, atmen, bewegen und vermehren sich.
Das Insektenblut befördert Nährstoffe zu den Körperteilen
und entsorgt Abfallstoffe genauso wie menschliches Blut,
aber es wird von einem langen, dünnen Herzen gepumpt,
das sich durch den ganzen Hinterleib erstreckt. Insektenblut
ist gelb oder grün, weil es bestimmte Proteine enthält.
Insekten besitzen keine Lungen. Sie nehmen Sauerstoff durch
Atemöffnungen (Stigmen) an den Körperseiten auf. Die Stigmen
sind mit Tracheen verbunden, die sich in noch kleinere Röhrchen
verzweigen, durch die Sauerstoff in alle Körperteile des
Insekts gelangt. Funktionen wie diese werden von dem großen
Gehirn gesteuert, das mit allen Nerven durch einen langen
Nervenstrang verbunden ist.
Damit all diese Systeme funktionieren, braucht das Insekt
Energie aus Nahrung. Bei der Wespe (rechts) wird die
Nahrung im Mund mit Speichel vermischt. Durch die Kehle
rutscht sie in den Kropf, wo sie durch weiteren Speichel und
Verdauungssäfte zerlegt wird. Dann wandert sie in den
Magen, wo besondere Enzyme die Nahrung weiter
auflösen, bis sie für das Insekt verdaulich ist.

**Viele Insekten haben winzige Haken,
die ihre Vorder- und Hinterflügel zusam-
menhalten. So schlagen die beiden
Flügelarten beim Fliegen gleichzeitig.**

**Bei dieser Wespe ist das Außenskelett weg-
geschnitten, und ihre Organe sind in einem
Farbcode dargestellt. Das Atemsystem ist
hellblau. Das Verdauungssystem ist grün.
Das Kreislaufsystem ist rot und das Zentralnervensystem dunkelblau.**

Insekten-Fotos

Befestige eine Makrolinse auf der Kamera! Damit kann
man das Insekt mehrfach vergrößern. Wenn du ein Mikroskop auf der Kamera befestigst, kannst du ein Insekt
hundertfach vergrößern. Doch die stärkste Vergrößerung
von Insekten lässt sich mit einem Rasterelektronen-
mikroskop erzielen. Das elektronenmikroskopische Bild
ist eigentlich kein richtiges Foto. Es ist ein computer-
erzeugtes Bild, das dadurch entsteht, dass Elektronen
von einem Gegenstand abprallen
und auf einen Sensor treffen.
Dieser Apparat ermöglicht die
20 000-fache Vergrößerung
eines Insekts – wie diese
Aufnahme von einer Fliege.

Herz
Ein Insekt hat keine
Arterien oder Venen.
Das schlauchförmige
Herz pumpt das Blut
durch den Insektenkörper.

Luftsack
In diesem beutelartigen
Säcken kann das Insekt
Sauerstoff speichern.

Bauchnervenstrang
Dieser verbindet eine
Kette von Nervenknoten
oder Ganglien, mit deren
Hilfe viele Organe
gesteuert werden.

Magen
Die Nahrung durchläuft
im Magen die letzte
Verdauungsstufe.

**Hier ist der mit Widerhaken versehene
Stachel der Honigbiene gezeigt. Beim
Stich bleiben die Widerhaken des
Stachels in der Haut hängen, und
die Biene verletzt sich tödlich, wenn
sie versucht, ihn herauszuziehen.**

Stigma
Insekten haben meist
2 bis 11 Atemloch-
paare (Stigmen).

Ameise   Marienkäfer

WÖRTERBUCH

TRACHEE kommt von lateinisch trachia für „Luftröhre". Tracheen sind dünne Röhrchen, die Sauerstoff zu den Organen des Insektenkörpers leiten und Abfallstoffe wie Kohlendioxid abführen.

GANGLIEN sind Ansammlungen von Nervenzellen, die als Kontrollzentren fungieren. Ein Insekt hat Ganglien entlang seines Nervenstrangs, und sein Gehirn besteht aus drei Ganglien, die Tausende von Nervenzellen enthalten.

SCHON GEWUSST?

Die Zwergwespe, eines der kleinsten Insekten der Welt, hat eine Flügelspannweite von kaum 0,25 mm. Sie ist so klein, dass sie durch ein Nadelöhr fliegen könnte. Fliegen ist bei dieser Größe wegen des Luftdrucks mehr wie Schwimmen, darum schlägt diese winzige Wespe auch nicht mit ihren Flügeln, sondern bewegt sie wie Ruder vor und zurück.

WEGWEISER

- Manche Wespen legen ihre Eier in andere Tiere. Mehr darüber auf S. 16.
- Insekten sind Fressmaschinen. Auf S. 32–35 steht, welche Nahrung die Maschinen antreibt.
- Welche Insekten haben den schmerzhaftesten Stich? Lies nach auf S. 43.

Ersthirn
Dem Ersthirn sind die Komplexaugen zugeordnet. Es steuert die meisten Muskeln und Verhaltensweisen des Insekts.

Zweit- und Dritthirn
Die beiden kleineren Gehirne empfangen Botschaften der Fühler und Mundwerkzeuge.

LUFTATMUNG

Die meisten Insekten nehmen Sauerstoff durch Stigmen an beiden Seiten von Brust und Hinterleib auf. Diese Atemlöcher sind oft schwer zu erkennen, doch bei der Raupe des Tabakschwärmers sind sie gut zu sehen.

Insekten, die im Wasser leben, brauchen dennoch Luft zum Atmen. Einige Stechmückenlarven strecken ein schnorchelähnliches Atemrohr, das an ihrer Hinterleibsspitze sitzt, aus dem Wasser.

Um beim Schwimmen unter Wasser einen Luftvorrat zu haben, nimmt der Schwimmkäfer beim Abtauchen eine Luftblase unter seinen Flügeldecken mit.

Körperhaare
Feinste Haare nehmen Bewegung, Wärme und chemische Reize wahr.

Dieses vergrößerte Stigma ist weit geöffnet, um so viel Sauerstoff wie möglich aufzunehmen und Kohlendioxid abzugeben. Es kann sich öffnen und schließen, je nachdem, wie viel Luft benötigt wird.

Die 460-fach vergrößerte Oberfläche eines Bienenfühlers weist Stacheln auf. Es sind feine Haare, die auf Berührung reagieren.

Die Schlankjungfernymphe lebt unter Wasser und holt sich Sauerstoff über fächerartige Kiemen an ihrer Hinterleibsspitze. Die Kiemen haben eine große Oberfläche und entnehmen dem Wasser genug Sauerstoff, damit die Larve atmen kann, bis sie erwachsen ist.

Floh

Heuschrecke

Sinnvolle Sinne

Wie Menschen nutzen auch Insekten ihre Sinne – Riechen, Tasten, Schmecken, Sehen und Hören – um sich ein Bild von ihrer Umwelt zu verschaffen. Ein Großteil dieser Informationen wird durch ihre emsigen Fühler gefiltert, mit denen Insekten riechen, tasten und hören können.

Die Augen der Insekten sind aus 56 000 Einzelaugen zusammengesetzt. Viele Insekten haben außerdem auf der Stirn noch eine kleine Gruppe von Punktaugen, die ihnen beim Balancehalten, beim Fliegen und bei der Lichtwahrnehmung helfen.

Insekten testen Futter mit Sinnesorganen, die um ihren Mund angeordnet sind. Die wichtigsten sind die Taster. Fliegen und Schmetterlinge haben Sinnesorgane an ihren Füßen! So wissen sie, ob das, worauf sie gelandet sind, essbar ist. Die meisten Insekten hören mit ihren Fühlern und den feinen Härchen auf ihrem Körper. Aber Insekten wie Heuschrecken besitzen etwas Ähnliches wie das menschliche Ohr – Trommelfelle!

Insektensicht

Menschensicht

Viele Insekten haben Augen, die auf ultraviolettes Licht reagieren, sodass sie Dinge sehen, die für uns unsichtbar sind. Wir sehen z. B. eine Blume, sonst nichts. Aber Nektartrinker wie Bienen, Schmetterlinge und Wespen erkennen Landemuster, die ihnen anzeigen: „Hier gibt's Futter."

Insekten haben Hörorgane an ihrer Brust, am Hinterleib oder an den Vorderbeinen. Die jungen Riesenheuschrecken (unten) haben Trommelfelle an ihrem Hinterleib. Eine dünne Haut spannt sich zwischen den Sinnesrezeptoren. Treffen Schallwellen auf die Haut, leiten die Rezeptoren die Schwingungen an das Gehirn weiter, das sie in Töne umwandelt.

SEI AKTIV!

Der Nase nach!

Ameisen spüren eine Nahrungsquelle mit ihren Fühlern auf. Wenn du Ameisen dabei beobachten willst, mach dies:

1. Lege ein rundes Blatt Papier auf flachen Boden bei einem Ameisenhaufen. Kleckse etwas Marmelade daneben und gegenüber vom Ameisenhaufen. Warte, bis die Ameisen kommen. Die ersten werden eine Duftspur hinterlassen, damit die anderen ihnen folgen können.

2. Während einige Ameisen schon futtern, drehst du das Papier um 90°. Die Ameisen auf dem Papier werden dem von den anderen hinterlassenen Duft folgen, aber wenn sie am Rand ankommen, ist da keine Marmelade. Beobachte durch ein Vergrößerungsglas, wie sie ihre Mahlzeit mit ihren Fühlern ausfindig zu machen.

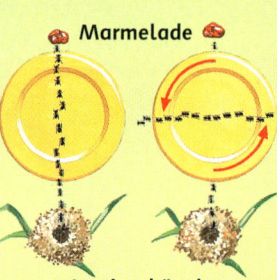

Marmelade

Ameisenhügel

Dieser Rüsselkäfer hat dünne, keulenartige Fühler auf seinem Rüssel sitzen. Wenn er Löcher in Nüsse oder Körner bohrt, merkt er mithilfe der Fühler, ob er Futter oder einen Eiablageplatz gefunden hat.

Ausgewachsene Flöhe sind wärmeempfindlich. Mit ihren Fühlern spüren sie die Körperwärme eines vorbeilaufenden Säugetiers oder das Kohlendioxid, das von Säugetieren ausgeatmet wird. Dann springen sie drauf!

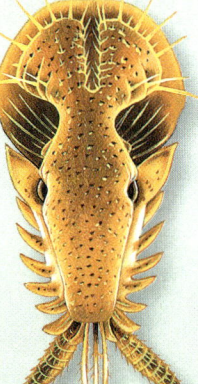

FÜHLER ZUM FÜHLEN

Die wichtigsten Sinnesorgane eines Insekts sind die Fühler auf seinem Kopf. Mit diesen Vielzweck-Supersensoren können Insekten ihre Umwelt riechen, ertasten und hören.

LIBELLEN heißen wegen ihres langen, dünnen „Schwanzes" im Volksmund auch „Satansnadeln". Das könnte den Verdacht nahe legen, dass Libellen stechen. Libellen besitzen keinen Stachel. Da sie sich aber von Mücken und Fliegen ernähren, sind sie gern in der Nähe von Menschen, die durchs Gras gehen und dabei Insekten aufscheuchen.

Der Prachtkäfer hat einen extrem empfindlichen Rezeptor an der Unterseite der Brust. Damit kann er die von brennendem Holz abgegebene Infrarotstrahlung über eine Entfernung von 5 km wahrnehmen. Der Käfer legt seine Eier in verkohltes Holz, denn dort sind alle Räuber und Parasiten vom Feuer vernichtet.

- Wie ist ein Ameisenstaat organisiert? Lies nach auf S. 24–25.
- Interessante Superflieger lernst du auf S. 28–29 kennen.
- Heuschrecken sprechen mit Heuschrecken und Bienen mit Bienen, aber warum verständigt sich ein Käfer mit einer Ameise? Lies darüber auf S. 37.

Komplexaugen bestehen aus vielen kleinen, dicht nebeneinander liegenden Einzelaugen. Das Auge der Königslibelle ist aus 28 000 Einzelaugen zusammengesetzt, von denen jedes in eine andere Richtung weist. So kann sie selbst im Dämmlicht herumsausende Mücken jagen. Ihre Taster werden dabei eingezogen, damit ihr Körper stromlinienförmig bleibt.

Komplexauge
Jedes der 28 000 Einzelaugen in jedem Komplexauge sieht Gegenstände getrennt.

Punktaugen
Diese Libelle hat drei Punktaugen, mit deren Hilfe sie die Lage des Horizonts misst und beim Flug ihr Gleichgewicht hält.

Fühler
Die Fühler einer Libelle sind klein, weil sie von ihnen kaum Gebrauch macht. Wichtiger sind ihre Augen.

Haare
Um den Mund herum sitzen Haare, die beim Schmecken und bei der Nahrungszufuhr eingesetzt werden.

Die meisten Schaben leben an dunklen Orten oder kommen nur nachts hervor. Augen sind für sie wenig sinnvoll, aber sie haben lange Fühler entwickelt, die auf Bewegungen reagieren. Bevor ihnen ein Räuber zu nahe kommt, spüren sie ihn und flitzen weg.

Das Männchen des Kleinen Nachtpfauenauges hat große, gefiederte Fühler, mit denen es besonders gut die Sexuallockstoffe des Weibchens aufnehmen kann. Schon wenige Moleküle davon erkennt es noch über 11 km Entfernung.

Holunderwanze und ihre Nymphe

Ohrwurm und seine Nymphe

Ei, Nymphe, Imago

Viele Insekten-Weibchen legen nach der Paarung ihre Eier nahe einer Futterquelle ab. So haben die Larven nach dem Schlüpfen reichlich zu fressen. Wenn Insektenkinder wachsen, müssen sie ihr Außenskelett wechseln, weil es nicht mitwächst. Das Insekt häutet sich. Unter dem alten Skelett hat sich schon ein neues, größeres gebildet. Bei jeder Häutung verändert das Insekt Gestalt und Größe, bis es ein erwachsenes Tier – ein Imago – ist. Diese Verwandlung heißt Metamorphose.

Nach dem Schlüpfen sehen manche Insekten ihren Eltern schon recht ähnlich. Diese Nymphen genannten Larven machen eine unvollkommene Metamorphose durch: Sie verändern sich schrittweise bis zum Erwachsenenstadium. Die Larven mancher Arten – wie Silberfischchen, Bettwanzen und Blattläuse – sehen beinahe wie ihre Eltern aus. Die Larven von Libellen leben unter Wasser und kriechen erst für die letzte Häutung vor dem Erwachsenenstadium an Land. Bei den Nymphen einiger geflügelter Insekten sind bereits Flügelstummel sichtbar, kommen aber erst zum Einsatz, wenn das Insekt geschlechtsreif ist.

Die Fleckige Brutwanze schützt ihre Larven. Kommt ein Räuber zu nahe, versucht sie ihn zu vertreiben. Dieses Verhalten ist bei Insekten ungewöhnlich. Die meisten verlassen ihre Eier gleich nach der Ablage.

Eine weichhäutige, ausgewachsene Zikade zwängt sich aus ihrem alten Außenskelett.

Der Größenunterschied zwischen Männchen und Weibchen ist bei diesen Fangschrecken deutlich zu sehen. Das Männchen (hinten) ist meist kleiner und leichter, damit er auf Partnersuche umherfliegen kann. Das Weibchen muss größer sein, damit es Platz für die Eier hat.

Ein Stechmückeneigelege treibt wie ein Floß auf dem Wasser.

EIFORMEN

Insekteneier gibt es in vielen Größen, Formen und Farben. Auch die Anzahl der Eier ist bei den verschiedenen Insekten unterschiedlich. Das Weibchen der Wegwespe legt in seinem Leben nur 20 bis 40 Eier, während eine Termitenkönigin mehr als 10 Millionen schafft.

Die Weibchen vieler Schabenarten bilden zum Schutz für ihre Eier Kapseln.

WÖRTERBUCH

METAMORPHOSE kommt aus dem Altgriechischen und bedeutet Verwandlung oder Umgestaltung. Meta heißt „Wechsel" und morphe „Gestalt" oder „Form".

Die **HÄUTUNG**, das periodische Abstreifen der äußeren Haut und die Neubildung, ist für Insekten eine Zeit voller Gefahren. Die meisten verstecken sich dann und sind nach einer Stunde oder mehrern Tagen fertig.

SCHON GEWUSST?

Wenn eine australische, an Eukalyptus lebende Baumwanze schlüpft, sieht sie wie eine Bulldogameise aus. Wenn sie wächst und sich häutet, ähnelt sie allmählich der Eukalyptusrinde. Ist sie schließlich ausgewachsen, gleicht sie einem welken Eukalyptusblatt.

WEGWEISER

- Ein Insekt kann auf zwei Arten erwachsen werden. Die unvollständige Metamorphose ist eine. Welches ist die andere? Lies darüber auf S. 16–17.
- Nur eine bestimmte Insektengruppe wird als „Käfer" bezeichnet. Lies S. 21–22.
- Vergleiche den Lebenszyklus eines Insekts und einer Spinne auf S. 54–55.

Ausgewachsene Zikade mit gehärtetem Außenskelett

SEI AKTIV!
Zikadensuche

Wenn du in einem warmen Teil der Welt lebst, kannst du im Hochsommer nach Zikaden suchen. Dann nämlich kommen die meisten Zikadennymphen aus der Erde, klettern auf den nächsten Baum, häuten sich zum letzten Mal und beginnen dann zu singen, um einen Partner anzulocken. Mit ihrem Zirpen verraten sie ihre Gegenwart. Als Nächstes halte nach den alten Häuten der Nymphen (rechts) Ausschau, die unter Bäumen und Büschen liegen. In ihrer Nähe wirst du vielleicht ein paar erwachsene Zikaden entdecken. Nachdem du die Zikade angesehen hast, lass sie wieder laufen – in Gefangenschaft würde sie nicht lange überleben.

Die Nymphe der Zikade beginnt mit ihrer letzten Häutung.

Eine Zikadennymphe sucht sich ein Versteck für ihre letzte Häutung. Durch Aufblähen und Zusammenziehen ihres Hinterleibs pumpt sie Luft in ihren Körper und sprengt das alte Außenskelett weg. Dann zwängt sich die ausgewachsene rot-grüne Zikade heraus und streckt mit Luft ihr neues, weiches Außenskelett glatt. Durch Einpressen von Blut in die Flügeladern streckt sie die noch weichen Flügel und ruht, bis die Flügel fest geworden sind.

Die Eier der Florfliege, die auf Stielen sitzen, sind für kleine Räuber nicht erreichbar.

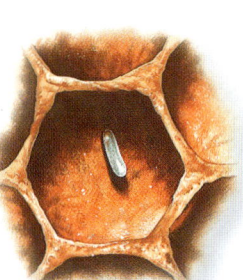

Nur ein Bienenei wird in jede Zelle der Honigwabe gelegt.

Ein Marienkäfer legt hellgelbe Eier auf einem Blatt ab.

Verwandlung

Manche Insektenjungen ähneln ihren Eltern nicht.
Anders als Insekten, die als Nymphen beginnen, verändern
sich diese Insekten nicht periodisch. Sie durchleben eine einzige
Umwandlung, die vollkommene Metamorphose genannt wird.
Sie kriechen als weiche Larven aus Eiern – ungeflügelt und oft
auch beinlos.

Die heranwachsenden Larven fressen ständig und häuten sich dabei
mehrfach. Sind sie ausgewachsen, hören sie mit dem Fressen auf. Sie
beginnen sich zu verpuppen – sie verwandeln sich in ein fertiges Insekt.
Viele bilden harte Puppenhüllen und einige spinnen sich einen Kokon,
während sich andere nur ein sicheres Versteck suchen. Das Puppenstadium dauert bei einigen Insekten den ganzen Winter lang. In
dieser Zeit lösen sich die Jugendformen auf, und die Merkmale des
erwachsenen Tieres bilden sich heraus. Schließlich steigt das mit Flügeln
und Geschlechtsorganen versehene Insekt heraus. Die Erwachsenen
(Imagos) sehen ganz anders als die Larven aus, ernähren sich oft ganz
anders und leben auch in anderen Lebensräumen.

Eine kleine
Raupe frisst an
den Blättern.

Ein weiblicher Indischer
Mondspinner legt seine
Eier auf einem Blatt ab.

Diese Raupe hat
sich viermal
gehäutet.

Eine Schlupfwespe hat ihre Eier auf
dieser lebendigen Raupe abgelegt.
Wenn die Larven schlüpfen, graben
sie sich in den Wirt und fressen sich
satt. Dann werden zu sie Puppen,
die seinen Körper bedecken.

Der Indische Mondspinner
sucht nach einem Weibchen.

Der weibliche
Indische Mondspinner
beginnt den Lebenszyklus
mit der Eiablage auf Blättern. Die
Raupen fressen erst ihre Eischalen
und dann die Blätter. Wenn die
Raupen ausgewachsen sind, hören sie
auf zu fressen und suchen einen Ort zum
Verpuppen. Ein paar Monate später kriechen
fertige Falter hervor. In ein, zwei Stunden
können sie fliegen, warten aber die Dunkelheit
ab, bevor sie sich erstmals in die Luft erheben.

Ein frisch geschlüpfter
Falter hängt an der Puppenhülle und streckt seine Flügel.

Hirschkäfer

○ Ei

WÖRTERBUCH

LARVE kommt von einem lateinischen Wort, das „Gespenst" bedeutet. Es bezeichnet das Jugendstadium von vielen Insekten. Meist sehen diese Larven auch tatsächlich sehr blass aus und erinnern ein wenig an Gespenster.

KOKON kommt von dem französischen Wort cocque für „Gehäuse". Ein Kokon ist eine Gespinsthülle, mit der sich viele Insektenlarven beim Verpuppen umgeben.

SCHON GEWUSST?

Larven beginnen gleich nach der Geburt mit dem Fressen, und zwar so viel sie können. Manche Raupen wachsen in kurzer Zeit unglaublich viel. Die Raupe des Eichenspinners streckt sich beispielsweise von 5 mm Länge auf knapp 13 cm Länge. Das ist etwa 12 000-mal die ursprüngliche Größe – und das in nur drei Wochen!

WEGWEISER

- Woher kommt Seide? Lies darüber auf S. 23.
- Alles über die komplette Umwandlung einer Biene erfährst du auf S. 26–27.
- Welche anderen Arten von Insektenparasiten gibt es? Das steht auf S. 34–35.

WIE LARVEN FRESSEN

Die Larve des Schwimmkäfers ist so lang und dünn, dass sie auf Beutefang durchs Wasser schießen kann. Mit ihren langen, spitzen Mundwerkzeugen kann sie selbst kleine Fische aufspießen.

Dieser junge Prachtkäfer hat sich 7 Jahre als Larve durch den Stamm einer Eiche gebohrt. In einer kleinen Kammer hat er sich dann verpuppt und ist nun als erwachsener Käfer mit noch weichem Außenskelett herausgekommen.

Die Larve des Siebenpunkt-Marienkäfers braucht kräftige Beine, um ihrer Nahrung, den Blattläusen, nachzuklettern.

Nach dem Schlüpfen muss eine Schwärmerraupe ihre Eischale auffressen oder sie stirbt. Die Schale enthält chemische Stoffe, die die Raupe zum Fressen anregen.

Schmeißfliegenlarven brauchen keine Beine. Sie schlüpfen auf ihrer Nahrung – verwesenden Tieren –, und Beine würden dort nur stören. Ihr spindelförmiger Körper gräbt sich schnell in das faulende Fleisch.

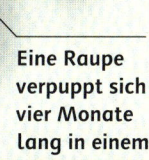

Eine Raupe verpuppt sich vier Monate lang in einem Seidenkokon.

SEI AKTIV!

Insektenhaltung

Die Haltung eines Insekts zur näheren Beobachtung ist einfach. Beachte nur folgende Tipps, damit es sich wohlfühlt:

1. Nimm ein Glas- oder Plastikgefäß. Stich Löcher in den Deckel, damit das Insekt atmen kann.
2. Stelle eine kleine Schüssel mit Wasser hinein, damit das Insekt nicht austrocknet.
3. Bestimme das Insekt und finde heraus, was es frisst. Was braucht es sonst noch?
4. Wenn du fertig bist, lass das Insekt dort frei, wo du es gefunden hast.

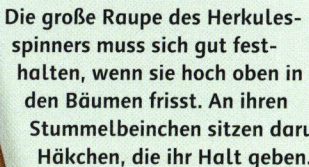

Die große Raupe des Herkulesspinners muss sich gut festhalten, wenn sie hoch oben in den Bäumen frisst. An ihren Stummelbeinchen sitzen darum Häkchen, die ihr Halt geben.

 Larve    Puppe   Imago

Die rund 2300 Arten von Buckelzirpen haben die abenteuerlichsten Formen und Farben aller Zikaden. Diese Buckelzikaden haben Rückenfortsätze gebildet. So sehen sie wie die spitzen Dornen an Pflanzen des tropischen Regenwalds aus, und Räuber meiden sie.

Saft- und Blutsauger

Die Insektenwelt ist in mehrere Ordnungen eingeteilt. Eine der artenreichsten sind die Schnabelkerfe (Hemiptera), zu denen die Wanzen wie Bettwanzen und Baumwanzen sowie die Pflanzensauger wie Blattläuse und Zikaden gehören. Die meisten Schnabelkerfe sehen sich nicht ähnlich, aber alle haben eines gemeinsam: die Mundwerkzeuge. Schnabelkerfe haben keine Kiefer zum Beißen oder Kauen. Stattdessen besitzen sie zum Stechen und Saugen geeignete Mundwerkzeuge. Diese wie hohle Nadeln geformten Mundwerkzeuge liegen in einem langen, dünnen „Schnabel". Schnabelkerfe sind beinahe überall auf der Welt zu Hause. Die meisten sind Landbewohner, aber es gibt auch viele Wasserwanzen. Viele Schnabelkerfe ernähren sich von Pflanzensäften, einige allerdings auch von anderen Insekten, was sie bei der Schädlingsbekämpfung nützlich macht. Wieder andere saugen das Blut von Tieren und Menschen, und manche übertragen über ihre Mundwerkzeuge Krankheiten.

Bei vielen Schnabelkerfen leben Erwachsene und Larven in Gruppen zusammen. Die oben abgebildete farbenprächtige Blattzikade ist das ausgewachsene Insekt. Die weißen, flauschigen Gebilde sind Larven. Ihr stacheliges Aussehen und übler Geruch vertreiben alle Feinde.

Eine Streifenwanze saugt mit ihren nadelförmigen Mundwerkzeugen Nektar aus einer Blüte. Wenn die Wanze nicht frisst, sind ihre Mundwerkzeuge in den Schnabel eingezogen und liegen in einer Rinne, die an der Unterseite des Körpers verläuft.

INSEKTEN-ORDNUNGEN
Entomologen unterteilen Insekten in rund 30 Ordnungen. Insekten einer Ordnung haben bestimmte Merkmale, wie z. B. die saugenden Mundwerkzeuge bei Wanzen, gemeinsam. Hier sind einige Ordnungen aufgeführt:

Libellen (Odonata)

Fangschrecken (Mantodea)

Eintagsfliegen (Ephemer-optera)

Silberfischchen (Thysanura)

Schaben (Blattodea)

Termiten (Isoptera)

Ohrwürmer (Dermaptera)

WÖRTERBUCH

HEMIPTERA kommt von griechisch hemi für „halb" und ptera für „Flügel". Manche Schnabelkerfe sehen „halbflügelig" aus, weil ihre Flügelspitzen transparent sind. Die Homoptera (Gleichflügler) saugen Pflanzen aus und halten ihre Flügel dachförmig über dem Rücken gefaltet. Die Heteroptera (Ungleichflügler) sind die Wanzen; sie ernähren sich von Insekten und Säugern und ihre Flügel liegen flach auf.

SCHON GEWUSST?

Die Blattlaus gehört zu den Tieren mit der schnellsten Vermehrung. Wenn eine Blattlaus geboren wird, hat sie schon selbst ein Junges in sich. Gäbe es keine Insektenfresser wie Marienkäfer, Spinnen und Vögel, wäre die Welt von Blattläusen bedeckt. Eine einzige könnte in nur sechs Monaten 10 Quintillionen Nachkommen haben. Das ergäbe eine 1 m dicke Blattlaussäule von der Erde bis zum Mond.

WEGWEISER

• Wie kann eine weiße, wachsartige Zikadennymphe zu einer farbenprächtigen erwachsenen Zikade werden? Lies nach auf S. 14–15.
• Woher der Marienkäfer seinen Namen erhielt, erfährst du auf S. 21.
• Lies über den Trick, mit dem Teichläufer auf dem Wasser stelzen und nicht versinken, auf S. 40.

Teiche wimmeln oft von Käfern und anderen Insekten, die sowohl im Wasser als auch auf der Wasseroberfläche leben. Unten hängt ein Wasserskorpion zwischen Gräsern und greift sich mit seinen kräftigen Vorderbeinen eine vorbeischwimmende Kaulquappe. Rechts paddelt ein Rückenschwimmer mit ruderartigen Beinen durchs Wasser. Über ihm stehen zwei Wasserläufer auf dem Wasser und saugen eine Schwebfliege aus.

INSIDESTORY

Käfersammler

Wissenschaftler, die sich mit der Insektenkunde befassen, nennt man Entomologen. Da es so unglaublich viele Insektenarten überall in der Welt gibt, beschäftigen sich Entomologen mit den verschiedensten Aufgaben – sie zeigen Landwirten neue Wege der Schädlingsbekämpfung, sammeln Regenwaldarten, die vielleicht zur Heilung von Krankheiten wie Malaria und Krebs geeignet sind, und vieles mehr. Wissenschaftler gehen davon aus, dass es noch Millionen von Tierarten zu entdecken gibt. Da die meisten dieser Arten Insekten sind, haben Entomologen noch reichlich Arbeit vor sich.

Grillen und Heuschrecken (Orthoptera)

Gespenstschrecken (Phasmida)

Läuse (Phthiraptera)

Schnabelkerfe (Hemiptera)

Fransenflügler (Thysanoptera)

Hafte (Neuroptera)

Käfer (Coleoptera)

Flöhe (Siphonaptera)

Fliegen (Diptera)

Köcherfliegen (Trichoptera)

Schmetterlinge (Lepidoptera)

Ameisen, Bienen und Wespen (Hymenoptera)

Die Käferwelt

Insekten sind die erfolgreichsten Geschöpfe der Tierwelt und Käfer die erfolgreichste Gruppe aller Insekten. Ihre Ordnung trägt den wissenschaftlichen Namen Coleoptera. Es gibt mehr als 350 000 Arten, und nach Ansicht der Entomologen warten noch Hunderttausende auf Entdeckung.

Käfer unterscheiden sich sehr in Form und Größe. Sie haben besonders dicke Außenskelette und harte Flügeldecken – Elytren genannt –, die die zarthäutigen Hinterflügel schützen. Durch die zähe Außenhaut sind Käfer vielleicht ein wenig langsamer, dafür aber vor Räubern gut geschützt.

Käfer haben kräftige Mundwerkzeuge, mit denen sie fast jede Nahrung zerbeißen und zerkauen können. Die Pflanzenfresser unter ihnen sind oft sehr wählerisch, was Blätter, Blüten, Pollen oder Rinden angeht, die ihnen als Nahrung dienen. Einige Käfer sind Räuber und jagen kleine Tiere, darunter Fische und andere Insekten. Wieder andere ernähren sich von toten Tieren oder von Ausscheidungen anderer Tiere. Sie sind sozusagen die Gesundheitspolizei.

Diese Marienkäfer haben sich an einem geschützten Platz zum Überwintern zusammengefunden. Dieses Verhalten heißt Aggregation. Manchmal zählen solche Massenansammlungen von Marienkäfern mehrere Tausend Individuen.

Dieser 3,2 cm lange Schwimmkäfer hat einen kleinen Fisch fest im Griff. Die an Land unbeholfenen Schwimmkäfer tauchen und schwimmen sehr gut. Durchs Wasser bewegen sie sich schnell, indem sie ihren stromlinienförmigen Körper mit den kräftigen Hinterbeinen vorwärtsstoßen.

Prachtkäfer

WÖRTERBUCH

Das Wort **KÄFER** stammt vom mittelhochdeutschen kevere und bedeutet „Kiefer" – die bei Käfern sehr stark sind.

Im Mittelalter wurden viele Ernten von Blattläusen vernichtet. Häufig tauchten Schwärme von **MARIENKÄFERN** auf und fraßen die Blattläuse. Zum Dank benannten die Menschen sie nach Maria, der Mutter Jesu.

SCHON GEWUSST?

Eines der stärksten Insekten der Welt gehört zur Familie der Blatthornkäfer. Ein Nashornkäfer könnte sein 350-faches Gewicht tragen. Für den Menschen würde das bedeuten, dass er 15 500 kg oder drei Elefantenbullen stemmen würde! Nashornkäfer können diesen unglaublichen Kraftakt leisten, weil sie ein extrem dickes Außenskelett sowie sehr leistungsfähige Muskeln haben.

WEGWEISER

• Wespen und Rüsselkäfer sind nützliche Insekten. Was machen sie? Lies nach auf S. 26 und 32.
• Manche Käfer mögen Aas. Auf S. 34 erfährst du, welche Käfer gern von toten Tieren leben.

KÄFER-GALERIE

Käfer kommen in vielen Farben, Formen und Größen vor – abhängig von ihren Lebensweisen und Bedürfnissen.

Dieser Kurzflügler ist klein und schlank, sodass er sich behände durch Zweige und Blätter zwängen kann, wenn er im Laub, wo er lebt, nach Beute sucht.

SEI AKTIV!

Bau eine Falle

Kleine Krabbelinsekten sind meist schwer zu entdecken, insbesondere, wenn sie nachts aktiv sind, wie viele Käfer. Eine Möglichkeit, die Krabbeltiere in deiner Umgebung kennenzulernen, ist der Bau einer Falle.

1. Lege feuchtes Küchenpapier, ein paar Blätter und Zweige in eine leere Dose ohne Deckel.
2. Grabe ein Loch in den Boden und stelle die Dose so hinein, dass sie mit dem Erdboden abschließt.
3. Lege vier Steine um die Dose und darauf ein Brett. So können Insekten hinein, Regen und größere Tiere aber bleiben draußen.
4. Sieh häufig in die Falle. Die Insekten, die du nachts fängst, sind andere als die, welche am Tage in die Falle gehen. Auch wird der Fang je nach Jahreszeit unterschiedlich sein.
5. Lass die Insekten frei, wenn du sie dir gründlich genug angesehen hast.

Eine auffällige Färbung ist in der Tierwelt oft eine Warnung an Insektenfresser, dass die Beute übel schmeckt oder sticht. Von diesem Buntkäfer halten sich Feinde fern – obwohl er eigentlich harmlos ist.

Manche Käfer wie dieser afrikanische Prachtkäfer haben Haarbüschel auf ihrem Rücken. Diese Haare sind eine Art Tarnung, durch die der Käfer schwerer zu entdecken ist.

Diese Pillendreher haben Tierdung zu einer Kugel geformt und rollen sie nun zu ihrer Brutkammer. Das Weibchen legt dort ein oder mehr Eier in die Kugel, und wenn die Larven schlüpfen, fressen sie den Dung. Diese Käfer erledigen eine sehr wichtige Aufgabe in der Natur. Australien musste Pillendreher aus Afrika einführen, weil die einheimischen Dungkäfer mit dem Dung der riesigen Rinder- und Schafherden nicht fertig wurden.

Die Fühler dieses südamerikanischen Bockkäfers sind 7,5 cm lang. Mit diesen Fühlern kann er ein Weibchen oder Nahrung über eine Entfernung von über 3 km ausmachen.

Goliathkäfer

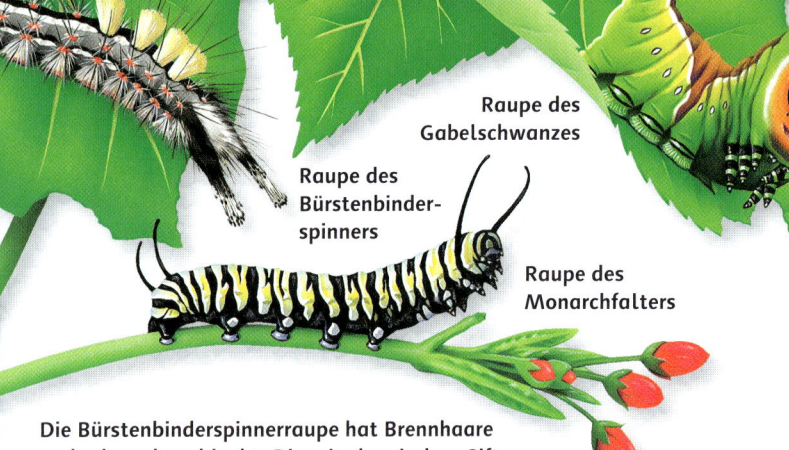

Raupe des
Gabelschwanzes

Raupe des
Bürstenbinder-
spinners

Raupe des
Monarchfalters

Die Bürstenbinderspinnerraupe hat Brennhaare und schmeckt schlecht. Die mit chemischen Giftstoffen vollgepackte, auffällige Raupe des Monarchfalters kann ihre Feinde töten. Wird die Gabelschwanzraupe beunruhigt, so streckt sie ihr rot umrandetes Scheingesicht hoch und wedelt mit zwei keulenartigen Geißeln am Hinterteil. Außerdem versprüht sie Ameisensäure.

Jeden Herbst ziehen Millionen von Monarchfaltern vom Norden der USA und Kanadas nach Kalifornien und Mexiko, um dort zu überwintern. Sie legen dabei Tausende von Kilometern zurück.

Schillernde Schönheiten

Unter den Schmetterlingen erregen die bunt geflügelten Tagfalter am meisten Aufmerksamkeit, die aber nur einen geringen Teil der über 150 000 Arten zählenden Insektenordnung Schuppenflügler (Lepidoptera) ausmachen. Die Nachtfalter sind meist klein und unauffällig gefärbt und passen sich der Rinde oder den Blättern an, auf denen sie sitzen. Die meisten sind nachts aktiv und haben einen ausgeprägten Geruchs- und Hörsinn entwickelt. Manche Nachtfalter fliegen aber auch tagsüber und sind lebhaft gefärbt. Und manche Tagfalter haben unscheinbare, braune Hinterflügel, mit denen sie sich als tote Blätter tarnen, wenn sie ruhen. Schmetterlinge und ihre Raupen ernähren sich sehr unterschiedlich. Tag- und Nachtfalter beginnen beide als weichhäutige Raupen mit kräftigen Kauwerkzeugen. Da die Raupen sich nur langsam fortbewegen, sind sie eine leichte Beute für Räuber, und manche haben darum zur Abwehr Tricks entwickelt (siehe oben). Während einer vollständigen Metamorphose bilden sich die Mundwerkzeuge der Raupe in einen langen, dünnen Saugrüssel um. Damit kann der Schmetterling nur flüssige Nahrung aufnehmen.

Unter dem Mikroskop sieht man, dass der Flügel eines Schmetterlings – wie hier des Tagpfauenauges – mit Tausenden von Schuppen bedeckt ist, die wie Dachziegel übereinander liegen. Die Schuppen sind bei den verschiedenen Arten in Form, Farbe und Größe sehr unterschiedlich, sodass Artgenossen sich daran erkennen können. Bis zu zehn Millionen Schuppen können es bei einem einzigen Falter sein!

WER IST WAS?

Die Fühler von Nachtschmetterlingen sind glatt oder, wie bei diesem Bärenspinner, gefiedert. Die meisten Arten haben aufgerollte Saugrüssel. Einige haben kurze, stechende Mundwerkzeuge. Wieder andere haben nichts von beidem, können nicht essen und leben nur, bis sie sich fortgepflanzt haben.

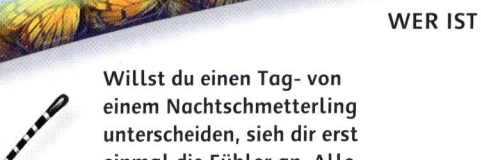

Willst du einen Tag- von einem Nachtschmetterling unterscheiden, sieh dir erst einmal die Fühler an. Alle Tagschmetterlinge haben dünne, fadenähnliche Fühler, die an den Spitzen verdickt sind, wie bei diesem Bläuling. Auch haben alle einen Saugrüssel, den sie zum Nektarsaugen ausrollen.

WÖRTERBUCH

SCHMETTERLING kommt wohl von Schmetten, was „Sahne" heißt. Man erzählt, dass Hexen als Schmetterlinge umherflogen, um Sahne zu stehlen.

MIMIKRY nennt man die Fähigkeit wehrloser Tiere, gefährliche Arten nachzuahmen, um so von Fressfeinden verschont zu bleiben. Der harmlose Hornissenglasflügler imitiert darum die Warntracht der Hornisse.

SCHON GEWUSST?

Nicht alle Schmetterlinge sind Pflanzenfresser. Mehrere Schwalben-schwänze saugen das verwesende Fleisch toter Tiere auf. Südamerikanische Heliconiden (Mimikryfalter) schlürfen gern Urin. Und der asiatische Vampir-falter ernährt sich vom Blut schlafender Säugetiere, auch des Menschen.

WEGWEISER

• Wie wird aus einer Raupe ein Falter? Das steht auf S. 16–17.
• Warum ahmt ein Schmetterling das Aussehen eines anderen nach? Lies darüber auf S. 43.
• Wofür Menschen Spinnenseide brauchen, steht auf S. 48.

INSIDESTORY

Seidenspinner-Raupen

Seide wird aus dem Material gemacht, aus dem die Raupe des Seiden-spinners ihren Kokon spinnt. Wenn die Raupen verpuppungsreif sind, produzieren sie einen Speichel, der an der Luft zu einem Faden erhärtet. Dieser Faden kann fester sein als die gleiche Fadenlänge bestimmter Stahlarten. Zum Spinnen der Kokons brauchen die Raupen etwa drei Tage. Wenn die Kokons fertig sind, werden sie von den Seidenherstellern im Ofen erhitzt, damit die Insekten in ihrem Innern absterben. Danach werden die Kokons in kochendes Wasser getaucht. Dadurch lösen sich Anfang und Ende der Fäden, die dann vor-sichtig abgewickelt und auf eine Spule gerollt werden. Mehrere Kokonfäden werden zu einem Seidenfaden versponnen.

Ein farbenprächtiger Mimikryfalter (Heliconiide) nimmt mit ausgebreiteten Flügeln ein Sonnenbad. Seine Flügelunterseiten sind erstaunlich düster, und in Ruhestellung – mit über dem Rücken zusammen-geklappten Flügeln – fällt er Fressfeinden kaum auf. Dieser südamerikanische Schmetterling ernährt sich von Nektar, den er durch seinen entrollten Saugrüssel aufsaugt.

Nicht alle Nachtfalter sind unscheinbar. Dieses bunt gemusterte Exemplar sieht zwar wie ein Tagfalter aus, ist aber ein tagsüber fliegen-der Nachtfalter aus Madagaskar. Wie fast alle Nachtfalter streckt er die Flügel in Ruhestellung seitwärts aus. Auch hat er glatte Fühler.

Nur wenige Nachtfalter falten ihre Flügel so, wie die „88". Tagschmetter-linge falten die Flügel senkrecht zum Körper. Anders als bei den meisten sind aber bei der „88" die Flügelunterseiten bunt und die Oberseiten düster.

Soldat –
Großköpfige Ameise

Arbeiterin –
Großköpfige Ameise

Flügelloses Männchen –
Großköpfige Ameise

Geflügelte Königin –
Großköpfige Ameise

Tier-Staaten

Ameisen gehören wie Bienen und Wespen zur Ordnung
der Hautflügler (Hymenoptera) und sind soziale Insekten –
sie arbeiten zusammen zum Wohle der ganzen Kolonie.
Die Rotgelbe Knotenameise bildet Staaten mit mehr als
300 Millionen Individuen in unterirdischen Nestern, die
größer als 490 Fußballplätze sind!
Die meisten Ameisen bauen Nester in hohlen Bäumen, auf
Pflanzen oder aus Erdreich. Manche Arten, wie die Wander-
und die Treiberameisen sind nomadisch und bleiben nie
lange an einem Ort.
Fast jede Ameisenkolonie besteht aus der Königin und den
weiblichen Arbeiterinnen. Die wenigen Männchen sind nur
da, um die Königin zu begatten, deren einzige Aufgabe die
Eiablage ist. Große Arbeiterinnen, die Soldaten, verteidigen
das Nest. Andere schleppen Nahrung herbei – Samen, Pilze,
süße Pflanzensäfte oder Beutetiere – und wieder andere
versorgen die Jungen und reinigen das Nest.

Die Australische Bulldoggameise frisst alle
Arten von Pflanzen, ist aber auch ein flinker
Jäger mit riesigen Mundwerkzeugen, die
Menschen schmerzhafte und Insekten
tödliche Bisse zufügen können. Diese Bulldoggameise hat einer Laubheuschrecke
aufgelauert und sie rasch getötet.

Die von den Blättern einer
Kannenpflanze gebildeten
Trichter sind mit Verdauungssäften gefüllt. Die meisten
Insekten, die dort hineinrut-
schen, ertrinken und werden
von der Pflanze verdaut.
Doch einige überleben. Hier
ist eine Ameise hinein-
getaucht, vermutlich, um
die Grille anzuknabbern.

GUTE NACHBARN

Ameisen können mit verschiedenen
anderen Ameisen und Insekten, aber
auch mit Pflanzen zusammenleben.

Ameisen und Blattläuse gehen eine Symbiosse
ein. Die Ameisen verteidigen die Blattläuse
gegen Angreifer. Als Gegenleistung ernähren
sie sich vom Honigtau, einem zuckerhaltigen
Sekret, das die Blattläuse ausscheiden.

WÖRTERBUCH

Eine **ART** ist eine Gruppe von Organismen, die sich ähneln und gemeinsam fortpflanzungsfähige Nachkommen zeugen können. Wissenschaftler ordnen mehrere eng miteinander verwandte Arten zur **GATTUNG**. Mehrere Gattungen, die gemeinsame Merkmale aufweisen, werden zu einer **FAMILIE** zusammengefasst.

SCHON GEWUSST?

Einige große Honigtopfameisen hängen sich an die Decke ihrer Nestkammer. Während der Regenzeit in den Halbwüstengegenden, wo sie leben, werden sie von den übrigen Ameisen mit Wasser und Honig vollgestopft. Ihr Hinterleib schwillt so sehr an, dass sie sich nicht mehr bewegen können. In der Trockenzeit ernähren diese lebenden „Honigtöpfe" die Kolonie.

WEGWEISER

- Wie finden Ameisen den Weg vom Nest zur Nahrung und wieder zurück? Lies darüber auf S. 12.
- Ameisen begrüßen sich auf ihre Art. Wie das geht, erfährst du auf S. 36.
- Was tut man, wenn eine Kolonne Treiberameisen anrückt? Ein Tipp steht auf S. 40.

INSIDESTORY

Atta-Ameisen

Blattschneiderameisen der Gattung Atta gelingt es wie keinem andern Tier, aus Gefangenschaft zu entkommen. Zoos, die solche Kolonien halten, müssen Spezialschaukästen anfertigen lassen, in denen Wassergräben die Ameisen an der Flucht hindern. Und die Glaswände der Kästen müssen mit besonders glitschigen Chemikalien bestrichen sein, damit die Ameisen nicht hinausklettern können. Sollte es irgendwo in den USA, wo Blattschneiderameisen keine natürlichen Feinde haben, einer Königin gelingen zu entkommen, würde sie in nur 5 Jahren mehr als 32 Quadrillionen (32 000 000 000 000 000!) neue Königinnen hervorbringen. Dies würde der Pflanzenwelt unvorstellbaren Schaden zufügen. Und wenn jede dieser Königinnen ein Nest mit je 100 000 Arbeiterinnen anlegen würde, versänken die USA unter einer 33,5 m mächtigen Ameisenschicht!

Blattschneiderameisen arbeiten schwer. Mittelgroße Arbeiterinnen schneiden Blattstücke ab und tragen sie zum Nest. Kleine Arbeiterinnen sitzen auf den Blättern und schützen ihre Nestgefährtinnen vor parasitären Fliegen. Sie legen einen Blätterhaufen vor den Eingang, wo Soldaten mit großen Köpfen und Kiefern Wache halten. Andere Arbeiterinnen bringen die Blätter nach unten. Sie zerkauen sie und mischen den Brei mit Speichel. Daraus entsteht ein Kompost für den Anbau von Pilzen, von denen sich die Kolonie ernährt.

Auch manche Ameisen und Pflanzen leben in Gemeinschaften. Eine Akazienart bildet hohle Dornen, in denen Ameisen ihren Bau anlegen. Die Ameisen verjagen alles, was der Akazie schaden könnte – von Käfern bis zu Kühen. Sie beschneiden sogar Pflanzen in der Nähe der Akazie, damit sie genug Sonne bekommt.

Amazonenameisen haben Kiefer nur für den Kampf mit anderen Ameisen. Sie können nicht einmal selbst fressen. Stattdessen stehlen sie die Eier und Puppen anderer Ameisen. Die geschlüpften Jungen arbeiten als Sklaven für sie, füttern und säubern die gesamte Amazonenkolonie!

Stachelträger

Trotz der schmerzhaften Stiche, die Bienen
und Wespen austeilen, zählen sie zu den
wichtigsten Mitgliedern der Insektenwelt.
Pflanzen werden von ihnen bestäubt. Gäbe
es keine Bienen, hätten wir kaum Obst und
Gemüse. Und gäbe es keine Wespen,
würde es in unseren Gärten und Höfen von
schädlichen Insekten wimmeln.

Bienen haben sich aus Wespen entwickelt,
und beide gehören zur Ordnung der
Hautflügler. Insektenforscher haben über
100 000 Arten beschrieben, von denen
die meisten zwei Paar Flügel haben, eine
„Wespentaille", beißende Mundwerkzeuge
und zwei Komplexaugen. Von anderen
Insekten unterscheiden sie sich vor allem
durch ihre hoch entwickelte Lebensführung.
Während viele Hautflügler als „Einzel-
gänger" gelten, weil sie ihr Nest in den
Boden graben oder in hohlen Bäumen anlegen, bilden sozial lebende Bienen und
Wespen unglaublich komplexe Gesell-
schaftssyteme in Stöcken oder Nestern –
was sie auf die höchste Entwicklungs-
stufe im Insektenreich stellt.

Eine Schlupfwespe stellt anderen Insekten
nach – meist nicht für sich selbst, sondern
für ihre Larven! Sie erbeutet ein Insekt,
beispielsweise eine Schmetterlingsraupe,
und legt mit dem Legestachel Eier darauf
ab. So finden die Wespenlarven nach dem
Schlüpfen reichlich Futter vor.

Made
Eine Bienenmade wird fünf
bis sechs Tage mit Honig
gefüttert und verpuppt
sich dann fünfmal.

Diese Blattschneiderbiene hat ein
Stück aus einem Blatt geschnitten
und trägt es zwischen den Kiefern
zu ihrem Nest. Dort kleidet sie
damit eine Zelle aus, füllt sie
mit Nektar und Pollen und legt
darauf ein Ei ab.

Zelle
Arbeiterbienen stellen Wachs her
und bauen oder reparieren damit
Zellen, in denen sie Honig und Pollen
speichern oder Maden aufziehen.

Puppe
In der verschlossenen Zelle spinnt
die Made einen Kokon und verpuppt
sich darin mehrere Wochen lang.

Deckelung
Eine Arbeiterin verschließt die
Zelle einer fertigen Made mit
einem Deckel aus Wachs.

INSIDESTORY

Schädlingsbekämpfer

Insekten vermehren sich so schnell und so zahlreich, dass sie
leicht zur Plage werden können. Am besten lassen sie sich mit
ihren natürlichen Feinden – darunter auch andere Insekten –
bekämpfen. Schon vor 2500 Jahren setzten die Chinesen Insekten
zur Schädlingsbekämpfung ein, doch weltweit üblich wurde dies
erst in den letzten 40 Jahren. Nachdem sich herausstellte, dass

bestimmte Insektizide die Umwelt
belasten, hielt man nach besseren
Methoden Ausschau. Viele parasitäre Wespenarten werden heute
gezüchtet und an Landwirte ver-
kauft, die damit Ernteschädlinge
wie z. B. Blattläuse bekämpfen.
Schlupfwespen wie die rechts
abgebildete werden zur Tötung
von Holzwespenlarven
eingesetzt, die wertvolle Holz-
bestände zerstören.

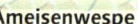

Ameisenwespe

WÖRTERBUCH

HYMENOPTERA kommt von hymen, dem Namen des altgriechischen Vermählungsgottes, und ptera für „Flügel". Das bezieht sich auf die hakenähnlichen Haare auf den Hinterflügeln. Sie verhaken die Vorder- mit den Hinterflügeln und „vermählen" sie sozusagen.

SCHON GEWUSST?

Honigbienen müssen schwer arbeiten, um Honig herzustellen. Für ein Pfund davon müssen Bienen etwa 9000 Kilometer fliegen. Ein einziger Bienenstock kann 50 kg Honig im Jahr herstellen, und das bedeutet, dass die Bienen insgesamt eine Million Kilometer zurückgelegt haben.

WEGWEISER

• Honigbienen stechen meist nur einmal. Warum? Was ist mit den Wespen? Lies nach auf S. 10.
• Sieh dir auf S. 36 an, was ein Schwänzeltanz ist und warum Bienen ihn ausführen.
• Mehr über Insekten mit klimatisierten Nestern erfährst du auf S. 44–45.

Königin
Die Königin scheidet chemische Stoffe aus, die das Verhalten im Bienenstock, wie z. B. das Ausschwärmen, steuern.

Drohne
Die einzigen Männchen im Stock, die Drohnen, begatten die neuen Königinnen.

Ei
Die Königin legt alle Eier. Befruchtete Eier entwickeln sich zu Arbeiterinnen oder Königinnen, unbefruchtete zu Drohnen.

Neue Arbeiterin
Die neue Arbeitsbiene arbeitet 20 Tage lang im Stock und wird dann Nektar- und Pollensammlerin.

Wenige Tiere leben in einer so komplexen Gesellschaft wie die Honigbiene. Mit mehr als 60 000 Individuen in einem Stock ist unermüdlicher Einsatz selbstverständlich. Die Arbeit wird aufgeteilt unter der Königin, den männlichen Drohnen und den Arbeiterinnen.

Königinnenzelle
Die zukünftige Königin wird mit einer eiweißreichen „Bienenmilch" gefüttert, die junge Arbeiterinnen mit speziellen Drüsen im Kopf erzeugen. Die Königinnenzelle ist besonders groß.

Eine Gartenhummel saugt in einer Fingerhutblüte Nektar. Sie speichert den Nektar in ihrem Honigmagen. Wenn die Hummel an bestimmten Blütenteilen entlangstreift, fängt sich Pollen in ihrem dichten Haarkleid.

Die mit Pollen bedeckte Hummel besucht noch andere Fingerhutblüten. Ein Teil der Pollen wird dort abgestreift und befruchtet die Blüte. Das nennt man Bestäubung.

Sobald die Gartenhummel zum Nest zurückgekehrt ist, würgt sie den Nektar aus dem Honigmagen wieder aus und gibt ihn an andere Hummeln ab. Diese „fächeln" das Wasser aus dem Nektar, bis reiner Honig entsteht. Dieser Honig wird zusammen mit Pollen in den Wachszellen gespeichert.

Wegwespe

27

Zweiflügler

Sie ernähren sich von verwesendem Fleisch, durchstechen die Haut, um Blut zu saugen, und können Krankheiten übertragen. Was Fliegen auch machen – selbst wenn sie nur Blüten bestäuben –, sie haben großen Einfluss auf unsere Welt. Über 100 000 verschiedene Arten der Ordnung Zweiflügler (Diptera) sind bekannt.

Die meisten sind nicht größer als ein Daumennagel, obwohl einige, wie z. B. eine Pferdebremse aus Trinidad, so groß wie eine Walnuss werden. Nicht alle Fliegen fliegen auch, aber die es tun, haben zwei Flügel. Was einmal das andere Flügelpaar war, hat sich in Schwingkölbchen oder Halteren umgewandelt. Diese nagelförmigen Körperteile helfen Fliegen, im Flug die Balance zu halten. Manche parasitäre Arten haben überhaupt keine Flügel und lassen sich von ihren Wirten umhertragen. Weil Fliegen keine feste Nahrung aufnehmen können, haben sie Mundwerkzeuge entwickelt, mit denen sie Nahrung in flüssiger Form einsaugen. Die meisten können ausgezeichnet sehen und die geringste Bewegung wahrnehmen.

Maden sind die blinden, beinlosen Larven der Fliegen. Manche fressen zerfallende Pflanzen oder Aas. Andere leben in Teichen und Flüssen, wo sie sich von winzigen Organismen im Wasser ernähren. Wieder andere bevorzugen Lebendiges, wozu Raupen, Spinnen und selbst Menschen gehören.

Fliegen sind dank ihrer stabilisierenden Schwingkölbchen gute Flieger. Diese nagelförmigen Fühler mit Knöpfen am Ende, die hier an einer Schnake zu sehen sind, sind umgewandelte Hinterflügel. Die Schwingkölbchen vibrieren beim Fliegen sehr schnell und halten so die Fliege im Gleichgewicht.

Diese große Raubfliege kann in nur zwei Sekunden von 0 auf 40 km/h beschleunigen, wenn sie eine Biene in der Luft erbeuten will. Ihre scharfen Mundwerkzeuge durchbohren den Rücken des Opfers und töten es sofort. Doch die Raubfliege saugt die Biene erst aus, wenn sie zu ihrem Ruheplatz zurückgekehrt ist.

INSIDESTORY

Mückenplage

Stechmücken durchbohren die Haut und saugen Blut. Nur die Weibchen der Stechmücken sind Blutsauger, die Männchen schlürfen Nektar. Die Weibchen brauchen Blut, damit sich die Eier entwickeln können. Das Jucken, das du nach einem Stich fühlst, ist eine allergische Reaktion auf Chemikalien, die die Mücke einspritzt, damit dein Blut besser fließt. Der Stich (und vor allem die kleinen Organismen, die in Stechmücken leben) macht diese zu so gefährlichen Geschöpfen – insbesondere, wenn ein solcher Organismus der Parasit ist, der Malaria verursacht. Jahr für Jahr sterben über 2 Millionen Menschen an Malaria. Unsummen sind zur Bekämpfung der Fiebermücken ausgegeben worden, doch noch immer sind sie eine Bedrohung.

WÖRTERBUCH

DIPTERA kommt von den griechischen Wörtern di („zwei") und ptera („Flügel"). Einige Fliegen sind flügellos, doch die meisten haben zwei Flügel.

RAUBFLIEGEN können selbst die rasanten Libellen im Flug erbeuten. Ihr Name erklärt sich durch die Art, mit der sie ihre Beute wie hinterhältige Räuber von hinten anfliegen.

SCHON GEWUSST?

Viele Maden sind Krankheitsüberträger, aber nicht alle. Ärzte entdeckten im 19. Jahrhundert, dass manche nur von verrottendem Fleisch leben und gesundes Gewebe nicht anrühren. Die Ärzte legten die Maden auf infizierte Wunden, damit sie die verrottenden Stellen fraßen und so die Wunden reinigten. Noch heute werden diese Maden für Wundheilung eingesetzt.

WEGWEISER

• Wie überleben Fliegenlarven, die doch blind sind und nicht laufen können? Lies nach auf S. 17.
• Wie Insekten die Welt sauber halten, erfährst du auf S. 20–21 und S. 34–35.
• Wie fliegen Fliegen? Wenn du das wissen willst, blättere zu S. 38–39.

Die Augen der männlichen Stielaugenfliege sitzen auf langen Stielen an ihrem Kopf. Das Männchen mit dem weitesten Abstand zwischen den Augen darf sich mit dem Weibchen paaren.

FLIEGENKOST

Alle Fliegen nehmen flüssige Nahrung auf – je nach Art auf unterschiedliche Weise. Die Stubenfliege isst nahezu jedes organische Material, darunter auch verdorbenes Fleisch und Dung. Doch immer muss sie ihr Futter erst mit Speichel auflösen. Dann tupft sie die flüssige Nahrung auf.

Fruchtfliegen – Maden und ausgewachsene – mögen überreifes Obst. Sie nehmen selbst gegorenes Obst (werden davon aber nicht betrunken).

Die Tsetsefliege, die sich von Rinder- und Menschenblut ernährt, kann sich so vollsaugen, dass ihr Bauch dick geschwollen ist (rechts). Sie verbreitet die Schlafkrankheit, die das Nervensystem von Tier und Mensch schädigt.

Der Hummelschweber hat lange, nadelartige Mundwerkzeuge, mit denen er Nektar saugt. Aber seine Maden schmarotzen bei anderen Insekten.

Bremse

Seite **32**

Viele Insekten fressen Pflanzen.
Ist das immer schlecht?
Lies nach bei
Insekten und Pflanzen.

Welt voll Gesumm

Nachdem du die vielen Insekten
kennengelernt hast, sieh ihnen nun
zu, wenn sie in Aktion sind. Insekten
führen ein geschäftiges Leben – genau
wie wir –, nur in viel kleinerem Maßstab,
denn sie sind ja auch viel kleiner. Da
es jedoch Millionen und Abermillionen
von Insekten gibt, hat das, was sie tun,
großen Einfluss auf die Welt und auf
unser Leben. Wie finden die Insekten
in aller Welt ihre Partner, wie ihre
Nahrung und wie sorgen sie für ihre
Sicherheit? Lies weiter.

Seite **34**

Isekten saugen flüssige
Nahrung auf, aber nur eines
ist ein Räuber. Welches?
Lies nach bei **Räuber & Co**.

Seite **36**

Was geschieht, wenn diese beiden
Ameisen nicht zum selben Nest
gehören? Und wie wissen sie das?
Lies nach bei **Kontaktaufnahme**.

Insekten und Pflanzen

Über die Hälfte aller Insekten sind Pflanzenfresser. Die Beziehung zwischen Insekt und Pflanze ist einzigartig. Insekten bestäuben Blütenpflanzen und helfen, tote zu recyceln, indem sie aus ihnen Nährstoffe für neue Pflanzen gewinnen. Ohne dieses Geben und Nehmen hätten wir keine Biodiversität – die ungeheure Artenvielfalt bei Tieren und Pflanzen. Diese gegenseitige Hilfe bei der gemeinsamen Entwicklung von Tier und Pflanze nennt man „Koevolution".

In der freien Natur werden die Populationen der pflanzenfressenden Insekten dadurch in Schranken gehalten, wie viel Nahrung sie finden – und wie leicht sie zu Nahrung für andere werden. Doch der Mensch kann dieses Gleichgewicht verändern, vor allem durch den Pflanzenanbau. Plötzlich finden Insekten wie Heuschrecken Nahrung in unbegrenzten Mengen und werden von keinem Feind bedroht. Dann werden Insekten zur Plage.

Doch nicht alle Pflanzen lassen sich die Attacke der Insekten gefallen. Manche haben zur Abwehr von Pflanzenfressern Dornen oder Gifte entwickelt. Andere wie die Venusfliegenfalle haben gelernt, die Insekten, die sie fressen wollen, selbst zu verspeisen.

Eine Fliege ist in einer Venusfliegenfalle aus Mexiko festgeklemmt. Die leuchtenden Farben der Blüte locken die Fliege an, und die dornenbesetzten Blätter schnappen zu, sobald sie die Fühlborsten zweimal berührt hat. In den nächsten zwei Tagen verdaut die Fliegenfalle das Insekt und erhält so Nährstoffe, die sie aus dem kargen Boden nicht gewinnen kann.

Hätten sie einander nicht, würden die Yuccamotte und die Yuccapflanze wohl aussterben. Die Yuccapflanze wird von dem Falter bestäubt, da das Weibchen seine Eier in den Fruchtknoten der Pflanze ablegt. Die Samen der Pflanze dienen den aus den Eiern schlüpfenden Raupen als Futter, aber sie verbrauchen nicht alle Samen. So wächst eine neue Pflanzengeneration nach. Auch eine neue Mottengeneration folgt, und der Kreislauf beginnt von Neuem.

INSIDESTORY
Rüsselkäfer als Retter

Ein Wasserfarn aus Brasilien wurde in Afrika, Asien und Australien eingeführt, wo er keine natürlichen Feinde hatte, die seine Ausbreitung behinderten. Er wuchs so schnell, dass Seen, Speicherbecken und langsam fließende Flüsse wie dieser in Papua-Neuguinea (oben) erstickten. Fischer konnten nicht fischen, und Mücken vermehrten sich rasend schnell. Vergeblich versuchten die Anwohner, den Farn zu vernichten. Schließlich erfuhren Wissenschaftler von dem brasilianischen Rüsselkäfer Cyrtobagus. Er ernährt sich von diesem Farn. Nachdem man die Rüsselkäfer ausgesetzt hatte, machten sie kurzen Prozess mit dem Bewuchs. In nur drei Monaten war der Fluss in Papua-Neuguinea farnfrei (unten).

Vorher

Nachher

Phlox   Flieder

WÖRTERBUCH

EVOLUTION ist der Vorgang, bei dem sich aus Tieren und Pflanzen im Laufe von Jahrmillionen neue Arten entwickeln.

BIODIVERSITÄT steht für biologische Artenvielfalt. Wenn Arten aussterben, nimmt die Biodiversität ab.

SCHON GEWUSST?

Im Winter sehen sie wie Würmer aus und werden im Sommer zu Gras. Wie kommt das? Die Raupen der Eulenfalter graben sich zum Überwintern im Boden ein, aber dabei werden manche von einem Pilz befallen. Im Frühling sprießen dann aus den Raupen lange, grasähnliche Stängel!

WEGWEISER

• Wie aus einem Ei ein schöner Schmetterling wird, kannst du auf S. 16–17 nachlesen.
• Auf S. 26 steht, wie man Schädlinge auch ohne Insektizide bekämpfen kann.

ALLE PFLANZEN-TEILE ESSEN

Der Rüssel des Eichelbohrers ist das perfekte Bohrwerkzeug für harte Nüsse. Mit den Kiefern an der Rüsselspitze bohrt das Tier in die harte Schale des Samens.

Früchte und Samen stecken voller Nährstoffe. Die Raupe des Maiszünslers hat eine Vorliebe für weiche Maiskerne und kann Ernteschäden verursachen.

Viele bodenbewohnende Käfer wie der Gehörnte Pilzkäfer ernähren sich von toten Blättern, die voller Pilze und Bakterien sind.

Die meisten Insekten fressen das ganze Blatt, doch die Made der Minierfliege ist so klein, dass sie sich mitten durchs Blatt bohren kann. Der geschlängelte Larvengang ist deutlich zu erkennen.

Der Hickory-Hornteufel ist die Raupe des Walnussfalters. Weil die Raupe so lange braucht, bis sie die zähen Blätter der Nussbäume verdaut hat, und viel davon essen muss, um zu wachsen, hat sie ein langes Verdauungssystem in einem langen Körper. Die Stacheln dienen dem Schutz vor Feinden.

Blütenpflanzen wie die auf dieser Seite gezeigten locken Bienen, Wespen, Ameisen, Fliegen und Schmetterlinge mit süßem Nektar. Manche Schmetterlinge fressen auch Pollen, der reich an Protein ist.

Stechmücke

Ameise

Räuber & Co.

Die Welt bietet reichlich Nahrung für Insekten, die Proteine – in Form von anderen Insekten und kleinen Tieren wie Spinnen, Schnecken und Kaulquappen – Pflanzenkost vorziehen. Manche Räuber verfolgen ihre Beute aggressiv. Sandlaufkäfer sind die schnellsten Jäger auf sechs Beinen. Die weniger aktiven Laufkäfer stellen langsamerer Beute nach wie Würmern und Raupen. Libellen sind die rasanten Jäger in der Luft, die auf die Beute herabstoßen und sie manchmal sogar im Flug erwischen.

Andere Räuber passen sich durch Tarnung an ihre Umgebung an und lauern Beutetieren auf. Oder sie sind wie die Ameisenlöwenlarven Fallensteller. Dieses Insekt baut sich einen kleinen Trichter, an dessen Grund es wartet, bis eine Ameise hineinrutscht. Wieder andere Arten locken ihre Beute mit Düften oder Lichtsignalen an.

Dann gibt es noch die Aasfresser, die statt von der Jagd von toten Tieren leben. Viele ernähren sich von Tierausscheidungen, Urin oder abgeworfener Haut.

Wieder andere, wie Flöhe, Läuse und einige Fliegen, sind Parasiten, die sich vom Blut und Körpergewebe lebendiger Opfer ernähren.

Der Aaskäfer hat etwas Fleisch aus dem toten Hasen herausgebissen. Der weibliche Käfer wird das Stück zu einer Kugel rollen und in seinen Bau schleppen, wo es den Larven als Nahrung dienen wird. Insekten, die tote Tiere essen oder für ihren Nachwuchs als Nahrung herbeischaffen, verhindern, dass sich Aas und Abfall ansammeln.

FLEISCHFRESSER-MUNDTEILE

Mundwerkzeuge verraten viel darüber, wie Insekten fressen. Sandlaufkäfer sind Jäger mit großen Kiefern und Zähnchen, mit denen sie die Beute festhalten und zerstückeln. Die Stubenfliege lebt von flüssiger Nahrung, die sie mit einem schwammähnlichen Polster an der Rüsselspitze auftupft. Auch Raubwanzen nehmen flüssige Nahrung auf, aber sie müssen die Beute mit rohrartigen Mundwerkzeugen durchbohren, bevor sie sie aussaugen.

Sandlaufkäfer

Stubenfliege

Raubwanze

WÖRTERBUCH

PARASIT, von altgriechisch parasitos, was „neben einem anderen essend" bedeutet, ist ein Lebewesen, das auf Kosten eines anderen lebt. Ein Parasit tötet sein Opfer zwar nicht, kann es aber schwer schädigen.

Ein **PARASITOID** frisst seinen Wirt allmählich auf.

SCHON GEWUSST?

Eine räuberische Laubheuschrecke sorgt dafür, dass ihre Baumfroschmahlzeit nicht weghüpfen kann. Sie frisst zuerst eines der Froschbeine und dann den Rest.

Der Flambeau-Falter saugt Tränenflüssigkeit aus den Augen von Alligatoren.

WEGWEISER

• Wie Insekten ihr Futter finden, erfährst du auf S. 12–13.
• Welcher Käfer bewahrt die Welt davor, in Tierexkrementen zu ersticken? Lies nach auf S. 20–21.
• Wie können sich andere Insekten gegen räuberische Insekten zur Wehr setzen? Finde das auf S. 42–43 heraus.

Die Blumenmantis, eine Fangschrecke, verändert ihre Farbe zu rosa und ist so perfekt auf der Pflanze getarnt, auf der sie lebt. Blütenblattähnliche Teile an ihren Beinen vervollkommnen die Täuschung. Bewegungslos beäugt sie eine Sattelschrecke, die auf der Blüte gelandet ist. Sobald das Insekt in Reichweite kommt, springt die Blumenmantis blitzschnell hinzu und klemmt es zwischen den Dornenreihen ihrer Fangarme ein.

INSIDESTORY
Schaben-Karriere!

Seit Jahrmillionen ist die Schabe ein erfolgreicher Allesfresser. Sie liebt warme Plätze in der Nähe von Nahrungsmitteln, kann aber auch wochenlang bei 4 °C aushalten und monatelang hungern. Sie frisst alle Essenskrümel und verschmäht auch nicht Pappe, die Plastikisolierung von Stromleitungen und nicht einmal ihren eigenen Nachwuchs. Die meiste Zeit ruht die Schabe, kann aber auch 40 Minuten unter Wasser schwimmen oder bis zu 5 km in der Stunde laufen. Auch überlebt sie Strahlungsmengen, die für Menschen tödlich wären.

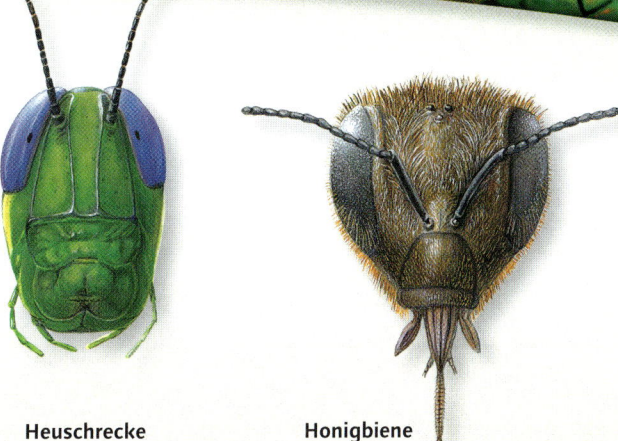

Diese Wegwespe entkommt den Fängen einer Vogelspinne, indem sie ihr ein lähmendes Gift einspritzt. Die Wespe schleppt ihr Opfer in ihr Erdloch und legt ein Ei auf der Spinne ab. Die frisch geschlüpfte Larve ernährt sich von der Spinne. Die Wegwespe ist ein Parasitoid, weil die hungrige Larve die Spinne langsam tötet. Echte Parasiten töten ihre Opfer nicht.

Pflanzenfresser kauen ihre Nahrung oder saugen sie auf, aber ihre Mundwerkzeuge sind anders geformt als die der Fleischfresser. Heuschrecken kauen feste Pflanzenkost. Ihre Kiefer sind kräftig und haben scharfe Kanten, sodass sie harte Gräser durchschneiden können. Honigbienen haben einen langen Saugrüssel zum Nektartrinken und Kiefer, mit denen sie Wachs zu Zellen formen können.

Heuschrecke   Honigbiene

Kontaktaufnahme

Insekten kennen viele Möglichkeiten, sich untereinander zu verständigen. Sie verwenden dazu Laute, Geräusche und Vibrationssignale. Das Zirpen der Grillenmännchen kennt fast jeder. Singzikaden trommeln und schnarren weithin hörbar, wenn die Paarungszeit begonnen hat. Weniger auffällig sind die Schmetterlinge, die Klicklaute machen, sowie die Haften und Buckelzirpen, die Botschaften auf den Zweigen hinterlassen, auf denen sie sitzen. Rückenschwimmer und Wasserläufer fühlen mit ihren Füßen Vibrationen im Wasser.

Fliegende Käfer und Schmetterlinge setzen chemische Duftstoffe, sogenannte Pheromone, frei, mit denen sie Partner anlocken. Die Männchen der südamerikanischen Goldbienen benutzen den Duft einer Orchidee – und Weibchen finden ihn unwiderstehlich. Insekten setzen bei der Partnersuche auch visuelle Signale ein. Viele Schmetterlinge und Libellen erkennen sich an ihrer Musterung – die Männchen sind häufig farbenprächtiger als die Weibchen. Leuchtkäfer und Glühwürmchen veranstalten bei ihren Paarungsritualen wahre Lichtspiele.

Das Weibchen dieses Kleinschmetterlings versprüht aus Drüsen am Hinterleib Pheromone. Die in der Nähe fliegenden Männchen nehmen schon wenige Moleküle des Duftstoffs wahr. Die meisten Pheromone sind zu schwach, als dass der Mensch sie riechen könnte, doch ein paar stärker duftende erinnern an Vanille, Schokolade, Ananas oder verbranntes Holz.

INSIDESTORY
Insekten als Haustiere

Von Hunden, Katzen und selbst Schlangen als Haustieren hast du schon gehört. Aber von Insekten? In China werden seit über 1000 Jahren Grillen im Haus gehalten. Man erfreut sich an dem melodischen Zirpen der verschiedenen Grillenarten, und die Käfige, in denen man sie hält, sind kunstvoll gestaltet. Seit etwa 100 Jahren züchten die Chinesen auch Hausgrillen für Kampfzwecke. Zwei Männchen werden in eine kleine Arena gesetzt. Weil Grillen ein ausgeprägtes Territorialverhalten haben, stürzen sie sich sofort aufeinander. Sie beißen mit ihren kräftigen Kiefern zu, aber meist rennt eines der Tiere davon, bevor es zu ernsthaften Verletzungen kommt.

Mit einer Spezialmischung chemischer Stoffe kann dieses weibliche Glühwürmchen, eine Käferart, ein Licht in seinem Hinterleib anzünden. Das nennt man Biolumineszenz. Das Weibchen blinkt und das Männchen antwortet, sobald es über ihm fliegt. Ein Wald oder eine Wiese voller Glühwürmchen sind ein faszinierender Anblick!

VERSTÄNDIGUNGSARTEN

Honigbienen teilen ihren Nestgenossinnen mit einem Tanz mit, wo sie Futter gefunden haben. In der Dunkelheit des Bienenstocks müssen die anderen die Bewegungen spüren. Je intensiver das „Schwänzeln", desto größer ist der Fund. Die Richtung des Tanzes verrät ihnen, wo er liegt.

Jedes Ameisennest hat seinen typischen Geruch, ein von der Ameisenkönigin erzeugtes Pheromon. Treffen sich zwei Knotenameisen, betasten sie vorsichtig ihre Fühler und prüfen so, ob sie zum gleichen Volk gehören. Fremde Ameisen werden rasch erkannt und vertrieben.

WÖRTERBUCH

TERRITORIALVERHALTEN zeigt ein Insekt, das sein Wohngebiet (Territorium) gegen Eindringlinge verteidigt.

BIOLUMINESZENZ (gebildet aus lateinisch bio, „Leben", und lumen, „Licht") ist die Fähigkeit einiger Lebewesen, durch Vermischen chemischer Stoffe im Körper sichtbares Licht auszustrahlen.

SCHON GEWUSST?

Pochkäfer legen ihre Eier in altem Holz ab, damit ihre Larven sich in das Holz hineinbohren können. Wenn der Käfer geschlechtsreif ist, lockt er durch mehrmaliges Aufschlagen seines Kopfteils einen Geschlechtspartner an. Früher konnten Menschen, die bei Sterbenden saßen, spät nachts dieses tickende Geräusch hören. Ihm verdankt das Insekt auch seinen Namen „Totenuhr".

WEGWEISER

- Wie Insekten sich gegenseitig Signale und Botschaften übermitteln, erfährst du auf S. 12–13.
- Bienen haben die unterschiedlichsten Aufgaben und Pflichten. Lies nach auf S. 27.
- Wie funktioniert eine Termitenkolonie? Alles darüber steht auf S. 44–45.

Das Männchen der Zweifarbschrecke reibt sehr schnell kleine Häkchen an seinen Hinterbeinen gegen harte Kanten an seinen Flügeln. Das bringt die Flügel zum Vibrieren, und so entsteht das laute schnarrende Geräusch, für das Grashüpfermännchen berühmt sind. Der Ruf unterscheidet sich von Art zu Art. Er dient dem Anlocken von Weibchen, die ihrerseits „Ohren" am Hinterleib haben.

Der Ameisenkäfer lebt bei Waldameisen. Er scheidet ein Sekret aus, das ihnen vortäuscht, er gehöre zu ihrem Nest. Der Käfer lässt sich von den Ameisen füttern, die nicht merken, dass er ein Fremdling ist.

Die meisten Termiten sind blind und leben in riesigen unterirdischen Nestern. Wenn Gefahr droht, wenden die Soldaten der Feuchtholztermite ein Frühwarnsystem an. Sie klopfen mit ihren Köpfen gegen die Tunnelwände und warnen so mit den Vibrationen das ganze Nest.

Start!

Insekten fliegen schon über 300 Millionen Jahre, seit sich aus Kiemen von wasserbewohnenden Nymphen Flügel entwickelten. Einige Urinsekten hatten drei Paar Flügel, doch heute haben die meisten Insekten ein oder zwei Flügelpaare. Schmetterlinge, Libellen, Bienen und Wespen benutzen beide Paare zum Fliegen. Andere Insekten fliegen nur mit einem Paar. Ein Paar hat sich bei Käfern zu harten Flügeldecken und bei Fliegen zu Schwing-kölbchen entwickelt.

Manche Insekten sind wahre Kunstflieger. Schwebfliegen können herumsausen oder abbremsen, plötzlich die Richtung ändern, auf der Stelle schweben und sogar rückwärts fliegen! Schmetterlinge schlagen ihre großen Flügel langsam, aber einige können ohne Unterbrechung 160 Kilometer zurücklegen. Honig-bienen halten sich nur 15 Minuten in der Luft, bevor sie wieder auftanken müssen.

Insektenflügel werden von starken Muskeln im Thorax betätigt. Jeder Flügel ist mit der Brust über ein kleines Gelenkstück verbunden. Damit kann der Flügel auf oder nieder, vorwärts oder rückwärts geschlagen werden.

Nachdem ein Schwarm von Wanderheuschrecken eine ganze Region kahl gefressen hat, erhebt er sich aufs Neue und fliegt weiter. Aber Heuschrecken sind keine guten Flieger. Sie werden vom Wind abgetrieben, manchmal sogar aufs Meer hinaus, wo viele ertrinken.

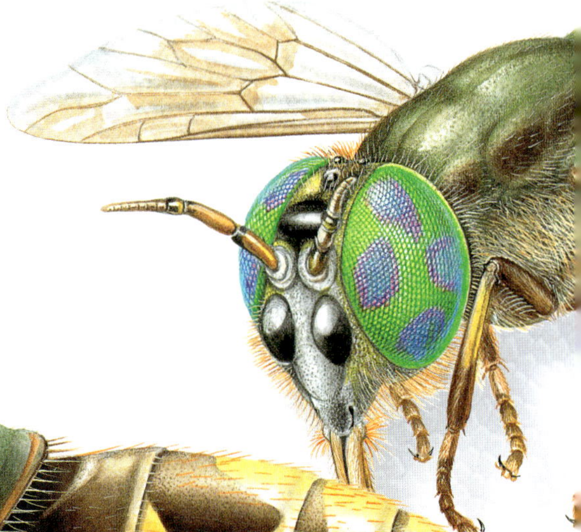

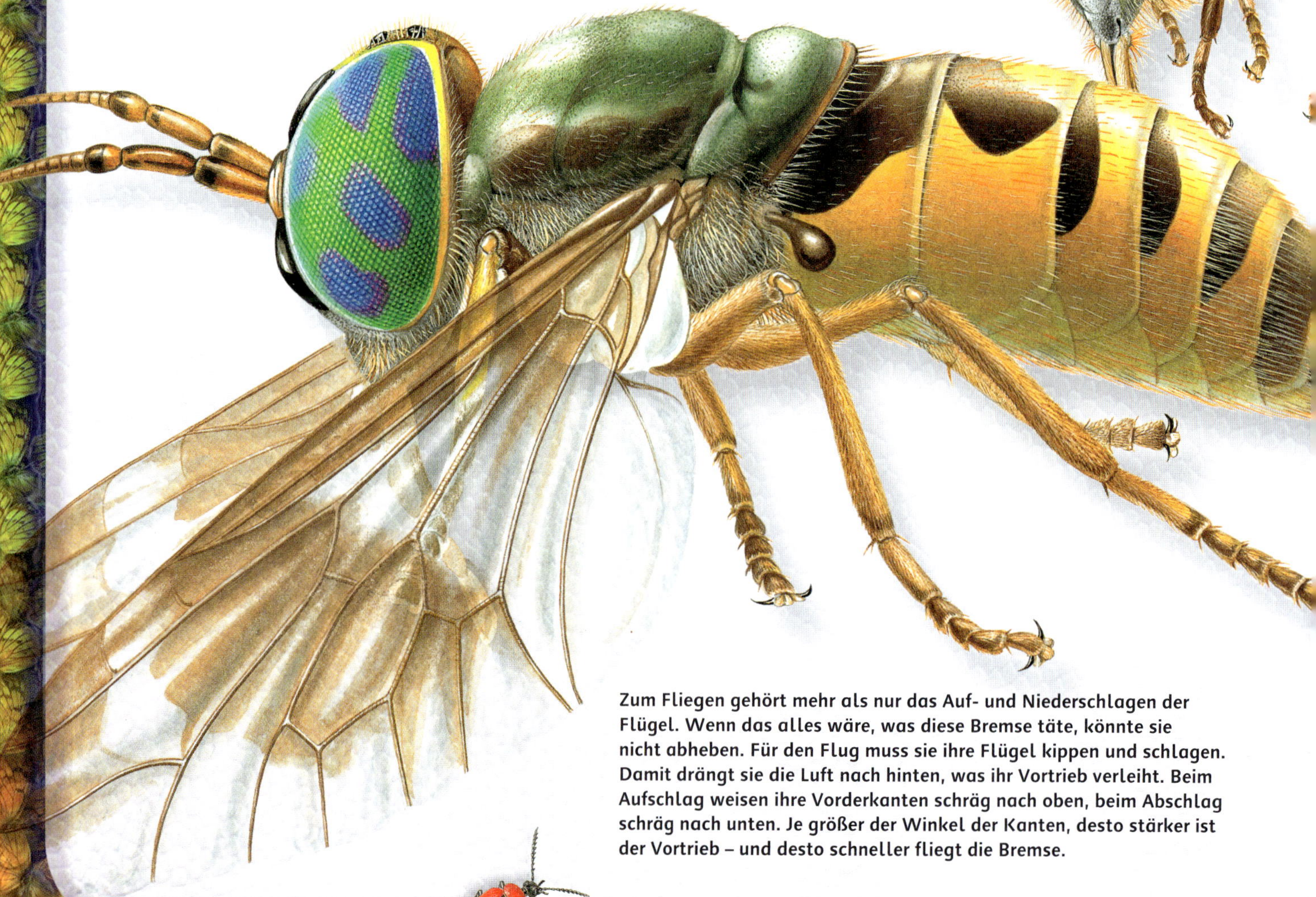

Zum Fliegen gehört mehr als nur das Auf- und Niederschlagen der Flügel. Wenn das alles wäre, was diese Bremse täte, könnte sie nicht abheben. Für den Flug muss sie ihre Flügel kippen und schlagen. Damit drängt sie die Luft nach hinten, was ihr Vortrieb verleiht. Beim Aufschlag weisen ihre Vorderkanten schräg nach oben, beim Abschlag schräg nach unten. Je größer der Winkel der Kanten, desto stärker ist der Vortrieb – und desto schneller fliegt die Bremse.

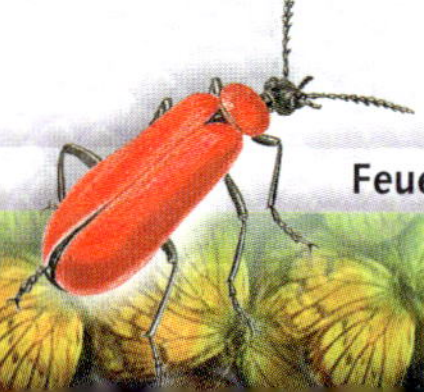

Feuerkäfer

WÖRTERBUCH

SCHWÄRMER sind ausgezeichnete Flieger, die 50 km in der Stunde erreichen. Sie können wie Kolibris vor einer Blüte stehen, deren Nektar sie saugen wollen. Einige Schwärmerraupen besitzen auffällige Augenflecken. Wenn sie angegriffen werden, ziehen sie ihren Kopf ein und lassen die Augenflecken drohend anschwellen.

SCHON GEWUSST?

Wenn die Nymphen einiger Feldheuschrecken zu zahlreich werden, beginnen sie, Farbe, Gestalt und Verhalten zu ändern und zu Wanderheuschrecken zu werden. Die erwachsenen Tiere erheben sich in riesigen Schwärmen von 100 Milliarden Individuen in die Lüfte. Ein solcher Insektenschwarm kann mehr als 3000 km zurücklegen.

WEGWEISER

• Siehst du viele Tagschmetterlinge, aber nur wenige Nachtfalter herumflattern? Lies mehr darüber auf S. 22–23.
• Warum schwärmen Bienen? Was du darüber wissen willst, steht auf S. 45.

FLÜGELMODELLE

Es gibt die verschiedensten Insektenflügel, doch die Grundform ist immer gleich. Zwei dünne Chitinschichten liegen aufeinander. Ein Adernetz zwischen den beiden Schichten gibt ihnen Halt.

Hornissen haben zwei Paar transparente Flügel. Vorder- und Hinterflügel werden durch winzige Häkchen zusammengehalten, sodass sie im Gleichtakt schlagen.

Die ungünstige Größe und Form der Flügel sollte die Libelle zu einem schlechten Flieger machen. Doch das hintere Paar schlägt mit einer etwas anderen Geschwindigkeit als das vordere, sodass sie schnell und sicher fliegt.

Dieser Mittlere Weinschwärmer fliegt auf der Stelle, wenn er Nektar schlürfen will. Man nennt das „Schwirrflug". Dabei entwickelt der Schwärmer so viel Hitze, dass er kochen würde, könnte er sie nicht über seinen Hinterleib ableiten.

Nur wenige Geschöpfe reichen an die Flugkünste der Fliege heran. Die unglaublich wendigen Fliegen können sich sogar in der Luft umdrehen und kopfüber an der Decke landen.

SEI AKTIV!

Im Flug fangen

Am besten fängt man fliegende Insekten mit einem Luftnetz – das ist ein kräftiges, leichtes Netz mit einem langen Griff. Viele Insekten fliegen schneller als du laufen kannst, darum hast du bessere Chancen, wenn du sie fängst, bevor sie auffliegen. Fliegen sie aber schon, bewegst du am besten das Netz von einer Seite zur anderen und gehst durch hohes Gras. In der Sekunde, in der ein Insekt ins Netz fliegt, drehst du es, sodass seine Öffnung nach unten zeigt. Dann kann das Insekt nicht entkommen. Nachdem du dir das Insekt angesehen hast, lass es wieder fliegen, sonst wird es vom Herumflattern im Netzbeutel bald erschöpft sein.

Die festen Vorderflügel eines Käfers dienen vor allem als Decken für die Hinterflügel. Beim Fliegen aber wirken sie wie starre Flugzeugtragflächen. Sie halten den Käfer im Gleichgewicht.

Diese Feldheuschrecke startet mit einem kräftigen Sprung. Dann entfaltet sie fächerähnliche Hinterflügel, auf denen sie über weite Strecken gleitet.

Start und Flug des Feuerkäfers

Auf dem Marsch

Flugunfähige Insekten benutzen zur Fortbewegung ihre Beine. Alle Insekten haben sechs vielgliedrige Beine, die sie sehr standfest machen. Sie können schnell starten und abrupt stoppen, ohne sich zu überschlagen. Auch sind sie sehr leicht und darum äußerst wendig.

Manche Arten haben Klauen oder haftende Polster an den Füßen. Grashüpfer besitzen so kräftige Hinterbeine, dass sie Sprünge machen können, die viele Male höher als sie selbst sind. Manche Springer benutzen ihre Beine gar nicht – winzige Springschwänze klappen eine Sprunggabel nach hinten aus, während Schnellkäfer sich mit einem Schnappgelenk zwischen Kopf und Brust vorwärtsschnellen. Ruderartige Beine machen für viele Wasserinsekten das Schwimmen einfach. Libellennymphen können sich vorwärtsbewegen, indem sie Wasser aus der Spitze ihres Hinterleibs spritzen.

Viele Larvenarten kommen ganz ohne Beine aus. Manche, wie Fliegenmaden, schlängeln sich vorwärts. Andere, wie Ameisen- und Bienenmaden, brauchen keine Beine, weil ihnen ihre Nahrung angeliefert wird.

Wenn ein Insekt läuft, bewegt es das erste und das dritte Bein auf einer Seite und das zweite auf der anderen. Dann sind die anderen drei Beine dran. Darum laufen Insekten ein wenig im Zickzack.

INSIDESTORY

Ameisenkolonne

Wenn 22 Millionen Treiberameisen auf eine Ortschaft vorrücken, wissen die Leute, dass es an der Zeit ist, für eine Weile zu verschwinden. Obwohl Treiberameisen blind sind – und jede nicht länger als 1 cm ist –, kommen sie in einem breiten, geschlossenen Zug, und ihre gewaltige Zahl bedeutet das Ende für alles kleine Getier, das zu langsam ist. Sobald ein Kundschafter der Treiberameisen zum Beispiel eine Heuschrecke oder eine Kröte entdeckt hat, gibt er einen chemischen Duftstoff ab, und innerhalb von Sekunden haben Tausende mit scharfen Kiefern ausgestattete Arbeiter das Opfer erstickt, in Stücke zerrissen und zur Hauptkolonne geschleppt. Diese Ameisen vernichten lästiges Getier wie Schaben, Skorpione und Spinnen. Darum verlassen Dorfbewohner in Afrika trotz der Unannehmlichkeiten ihre Behausungen gar nicht so ungern.

Der Wasserläufer nutzt die Oberflächenspannung des Wassers zum Laufen. Seine Beine sind mit wasserabweisenden Härchen ausgestattet, die verhindern, dass die Wasseroberfläche durchstoßen wird. Würden die Härchen sich vollsaugen, könnte der Wasserläufer nicht über das Wasser stelzen.

Das Bein der Koringkriek-Grille ist nicht zum Davonspringen gedacht. Die Grille ist schwer gepanzert und mit Dornen bewehrt und braucht außer Raubvögel und Eidechsen nichts zu fürchten.

BEIN-KOLLEKTION
Insektenbeine sind sehr unterschiedlich geformt. Jede Art hat die für ihre Lebensweise und Bedürfnisse geeigneten Beine entwickelt – zum Laufen, Schwimmen, Springen oder Beutefangen.

Die bedornten Vorderbeine einer Gottesanbeterin schießen hervor und ergreifen eine Beute in einer zwanzigstel Sekunde.

WÖRTERBUCH

OBERFLÄCHENSPANNUNG ist die Haut an der Wasseroberfläche, die das leichte Gewicht von Blättern, Zweigen und auch manchen Insekten trägt.

Die **SPRUNGGABEL** sitzt beim Springschwanz als Anhang am Hinterleib. Sie wird durch kräftigen Muskeleinsatz nach unten und nach hinten gepresst und schleudert das Tier in die Luft. In Ruhe wird sie vorn an den Bauch gelegt.

SCHON GEWUSST?

Die beinlose Larve des Stylops, eines Fächerkäfers, wartet im Nektarvorrat einer Blüte. Eine Biene schlürft den Nektar – und die Larve dazu. Im Bienenstock würgt die Biene den Nektar für die Bienenmaden aus. Auch die Stylopslarve ist dabei und bohrt sich zum Fraß in eine Bienenmade ein.

WEGWEISER

- Lies über eine Insektenordnung, deren Mitglieder laufen, schwimmen, springen und fliegen können, auf S. 10–21.
- Fangschrecken haben bei der Jagd einen großen Vorteil – sie können unsichtbar werden. Wie sie das machen, siehst du auf S. 34–35.

Wenn dieser Erdfloh einen Satz macht, schießt er mit über 15 km/h Geschwindigkeit durch die Luft und dreht sich dabei in einer einzigen Sekunde 70-mal kopfüber. Trotzdem landet er sicher auf den Füßen. Die vergrößerten Hinterbeine enthalten ein spezielles Sprungorgan – eine Chitinscheibe mit vielen Muskeln –, das den Käfer mit solchem Tempo springen und dennoch zielsicher landen lässt.

Die mit Haaren besetzten und von starken Muskeln im Brustabschnitt angetriebenen beiden langen Beine des Schwimmkäfers werden wie Ruder bewegt und treiben ihn rasch durchs Wasser.

Fliegenfüße haben an jedem Fuß Haarpolster, die ölige Flüssigkeiten ausscheiden, sodass die Fliege an Fensterscheibe und Zimmerdecke haften bleibt.

Raupen haben vorne kurze, gegliederte Beine und hinten Bauchfüße, stummelförmige falsche Beine. An ihnen sitzen Häkchen, mit denen sich die Raupe an Blättern festklammert.

41

Ameisenwespe   Blutströpfchen

Überlebenstricks

Insekten stehen auf der Speisekarte unzähliger Tiere in aller Welt. Angesichts ihrer ungeheuren Zahl, ihrer Allgegenwart und ihres hohen Proteingehalts ist das nicht weiter erstaunlich. Aber Insekten haben eine Fülle von Tricks entwickelt, mit denen sie sich gegen das Gefressenwerden wehren. Viele Insekten halten sich unterirdisch verborgen. Andere tarnen sich so, dass sie eins mit Blättern, Rinde oder Blüten werden, oder sie sehen selbst wie Blätter oder Zweige aus. Manche Insekten, wie Nachtfalter, kommen nur im Schutz der Dunkelheit hervor.

Insekten, die sich am Tag nicht verstecken, vertreiben mit schmerzhaften Stichen oder Gift Räuber. Leuchtende Warnfarben wie Rot, Gelb und Orange teilen Angreifern mit, dass das Insekt kein Leckerbissen ist. Einige Insekten geben sich gefährlich, indem sie wie eine Art aussehen, die es auch wirklich ist. So sind Schwebfliegen harmlos, gleichen aber gelb gestreiften, stachelbewehrten Wespen. Manche Käfer sprühen einem Angreifer Giftstoffe entgegen, tröpfeln ätzende Flüssigkeiten aus oder erzeugen sogar explosive Gifte.

Raupen, die über und über mit Dornen und Brennhaaren bedeckt sind, lassen sich nicht so leicht verspeisen – manche haben Brennhaare, an denen der Räuber ersticken würde. Die Außenskelette mehrerer Käfer sind so hart, dass Feinde sie nicht durchbeißen können. Das alles sind Tricks und Waffen, die das Überleben möglich machen.

Diese Laternenträger sitzen auf einer Baumrinde. Sie sind unauffällig gefärbt und bleiben daher oft von hungrigen Vögeln unbemerkt. Doch der untere Laternenträger ist entdeckt worden. Blitzschnell lässt er seine Flügel aufspringen und zeigt zwei große Flecken, die einem starren Augenpaar gleichen. Wenn der Schnabelkerf Glück hat, ist der hungrige Vogel so erschrocken, dass er ihn in Ruhe lässt.

Diese Flechtenmantis aus Peru wartet fast unsichtbar auf der Rinde eines Baumes. Ihre Tarnung verbirgt sie vor Räubern und verhindert auch, dass ihre Beute sie sieht – bis es zu spät ist.

WÖRTERBUCH

MIMIKRY kommt von dem griechischen Wort mimos, das „Schauspieler" heißt. Insekten ahmen ungenießbare oder besonders wehrhafte Tiere in Körperform oder Färbung nach, um sich vor Feinden zu schützen.

MIMESE nennt man die Nachahmung von unbelebten Gegenständen in der Natur oder von Pflanzenteilen, die für mögliche Feinde uninteressant sind.

SCHON GEWUSST?

Weil seine Fressfeinde nachts keine Warnfarben sehen können, hat der übel riechende Bärenspinner eine Schutztaktik entwickelt, um Räuber wie zum Beispiel Fledermäuse abzuschrecken. Unter seinem Brustabschnitt hat er ein Organ, das beim Fliegen einen Laut erzeugt, der deutlich warnend wirkt. Viele genießbare Falter ahmen diese „akustische" Mimikry nach.

WEGWEISER

- Laternenträger sind Zikaden und Schnabelkerfe wie Wanzen und Blattläuse. Was sie verbindet, steht auf S. 18–19.
- Eine Spinne, die Vogelkot nachahmt? Lies mehr darüber auf S. 61.

VERTEIDIGUNGSTAKTIK

Bei einer Störung lässt der Labkrautblattkäfer dünne Membrane in seinem Mund platzen und einen Blutstropfen hervorquellen. Das Blut enthält Stoffe, von denen dem Angreifer übel wird.

Das Foto rechts zeigt eine Laubheuschrecke, die sich durch Öffnen ihrer Flügel völlig verändert hat. Das allein reicht aus, um Räuber zu verwirren und gibt der Schrecke Zeit, sich aus dem Staub zu machen.

Wenn eine Wespe oder eine Biene einen Angreifer loswerden oder eine Beute lähmen will, setzt sie ihren Stachel ein. Der Stich einer Gemeinen Wespe ist schmerzhaft, aber nichts im Vergleich zu dem einer Spinnentöter-Wegwespe oder einer Ameisenbiene. Einige südamerikanische Ameisen versetzen Stiche, die wie Feuer brennen.

Ein Bombadierkäfer, dem Gefahr droht, sondert in eine Kammer seines Hinterleibs chemische Substanzen ab. Diese vermischen sich und reagieren zu einem heißen Stoff, der ausgespritzt wird.

INSIDESTORY

Schmeckt wie Hähnchen?

Vögel, Frösche, Schlangen und andere Gliederfüßer sind nicht die Einzigen, denen Insekten schmecken. Auch Menschen überall in der Welt essen Insekten, die in Regionen, wo keine Viehzucht betrieben wird, als eiweißreiche Kost geschätzt sind. Die Ureinwohner Australiens verspeisen zum Beispiel die süßlich schmeckenden Honigtopfameisen, die fleischigen Bogong-Falter – und die dicke Witchetty-Made, die wie ungesalzene Erdnussbutter schmeckt. In Afrika sammeln die Menschen Tausende winziger Gnitzen und verarbeiten sie zu Hamburgern. In China plant man, klein gehackte Maden als Ersatz für Fleisch anzubieten. Und Ameisen mit Schokoladenguss, wie sie schon vor Jahrhunderten in Nord- und Südamerika gegessen wurden, werden heute in der ganzen Welt als Leckerei angeboten.

Der Monarchfalter (rechts) ist giftig und zeigt das mit seiner Warnfärbung. Der Viceroy (links) ist harmlos, ahmt den Monarchen aber nach, damit Räuber auch ihn für ungenießbar halten.

Dieses malaysische Wandelnde Blatt ist mit nadelspitzen Dornen besetzt. Dazu erzeugt es einen lauten Schwirrton und wedelt mit seinen kräftigen, bedornten Beinen, bevor es auf einen allzu beharrlichen Angreifer losgeht.

Blasenkäfer   Baumwanze

Nestbau

Nest bedeutet von Insekt zu Insekt etwas anderes. Für manche ist es nur die Unterseite eines Blattes, an der sie ihre Eier ablegen oder sich ausruhen können. Aber viele Insekten bauen Nester, in denen ihre Brut in relativer Sicherheit fressen und wachsen kann. Einzeln lebende Bienen und Wespen graben Höhlen oder suchen sich Löcher in totem Holz. Viele Larven bauen sich Schutzkokons aus Blättern oder Erde. So können sie das Puppenstadium ungestört verbringen. Dann gibt es Insekten, deren Nestbauten zu den raffiniertesten der Tierwelt zählen. Termitenhügel beispielsweise sind steinharte Bauten, die höher als ein Elefant sein und mehrere Millionen Individuen beherbergen können. Wissenschaftler glauben, dass es Hügel gibt, die seit über 4000 Jahre bewohnt sind!

Insekten bauen ihre Nester aus den verschiedensten Materialien. Ameisen vermischen Erde mit ihrem Speichel zu einer Art Zement für Tunnelbauten. Termiten fügen Kot hinzu, damit ihr Zement besonders fest wird. Honigbienen sondern aus einer Drüse in ihrem Hinterleib Wachs ab. Mit diesem Wachs fertigen sie die Waben, in denen sie Honig und die Maden unterbringen. Gesellig lebende Wespen wohnen in Papierhäusern. Sie nagen Holz ab, zerkauen es zu Brei, den sie mit ihren Kiefern zu feinen Streifen verstreichen. Die mehrschichtige Papierhülle dient auch zur Wärmeregulierung und schützt die zarten Maden bei fast jedem Wetter.

Diese Weberameisen ziehen die Ränder von zwei Blättern zusammen, damit sie mit Seide, die ihre Larven liefern, zusammengenäht werden können. Dazu halten Arbeiterinnen die Larven mit ihren Kiefern und drücken sie leicht, um sie zum Seidenspinnen anzuregen.

Lüftungsschacht

Das erste Papier

Der Legende nach lernte der chinesische Erfinder des Papiers, Ts'ai Lun (89–106 n. Chr.), von Wespen, wie man Papier herstellt, indem er ihnen beim Nestbau zusah. Er sah, wie Wespen mit ihren kräftigen Kiefern Holzfasern abnagten und sie mit Speichel zu einem Brei vermischten. Dann formten sie aus dem Brei dünne Stücke und ließen sie trocknen. Diese wurden hart, zerkrümelten aber, sobald sie gedrückt wurden. Ts'ai Lun perfektionierte die Papierherstellung der Wespen und benutzte statt Speichel Kleister. Und er strich lange, flache Bögen aus.

Eine Termitenart in Nordaustralien ist in diesen hohen, zementharten Säulennestern zu Hause. In diesem Teil der Welt kann es sehr heiß werden, doch der Hügel funktioniert wie eine Art Kühlturm. Tunnel in seinem Innern wirken wie eine Klimaanlage und lassen die von den Termiten erzeugte Wärme entweichen, während kühlere Luft aus dem Boden nachströmt.

Nest der Pillenwespe

Köcherfliegenlarve mit Gehäuse

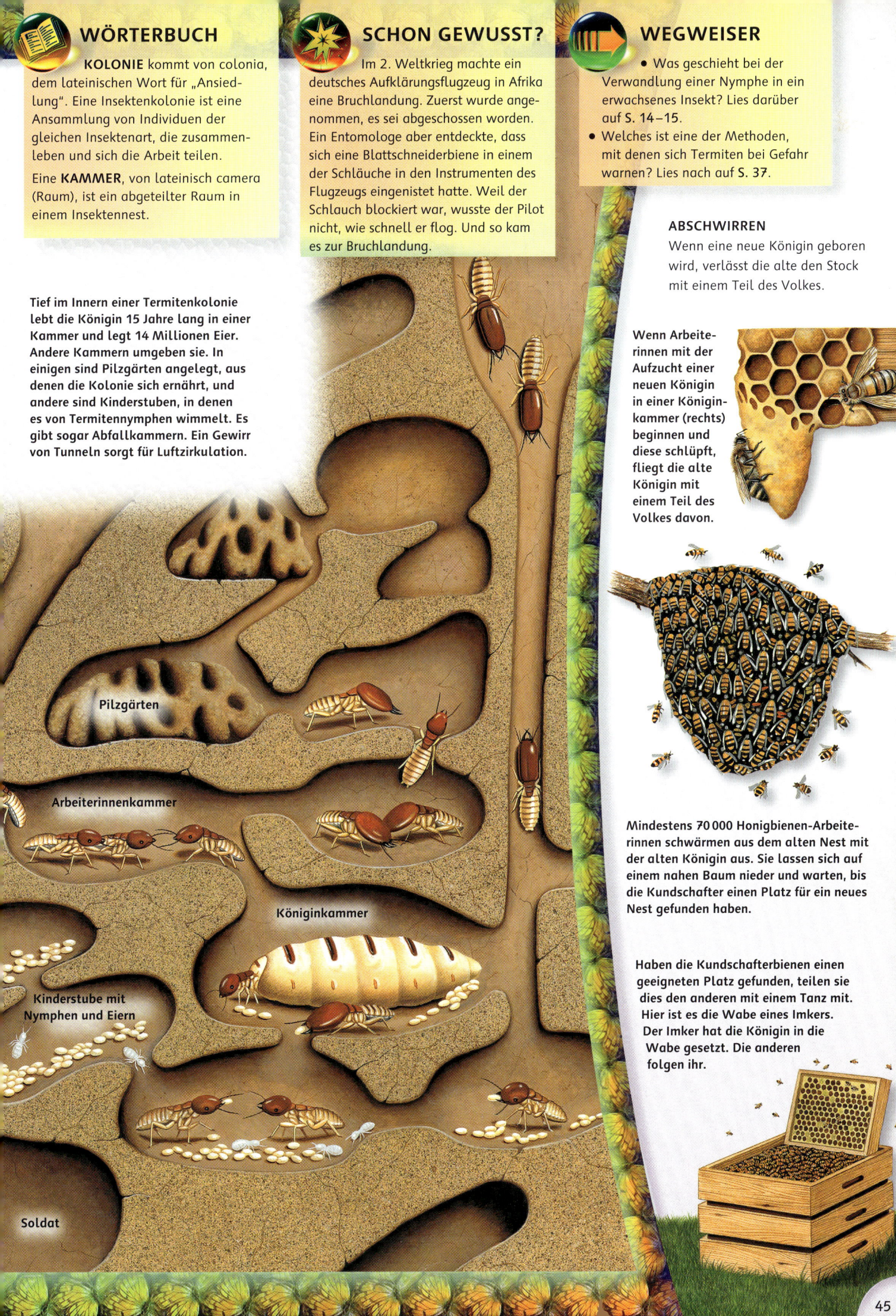

WÖRTERBUCH

KOLONIE kommt von colonia, dem lateinischen Wort für „Ansiedlung". Eine Insektenkolonie ist eine Ansammlung von Individuen der gleichen Insektenart, die zusammenleben und sich die Arbeit teilen.

Eine **KAMMER**, von lateinisch camera (Raum), ist ein abgeteilter Raum in einem Insektennest.

SCHON GEWUSST?

Im 2. Weltkrieg machte ein deutsches Aufklärungsflugzeug in Afrika eine Bruchlandung. Zuerst wurde angenommen, es sei abgeschossen worden. Ein Entomologe aber entdeckte, dass sich eine Blattschneiderbiene in einem der Schläuche in den Instrumenten des Flugzeugs eingenistet hatte. Weil der Schlauch blockiert war, wusste der Pilot nicht, wie schnell er flog. Und so kam es zur Bruchlandung.

WEGWEISER

- Was geschieht bei der Verwandlung einer Nymphe in ein erwachsenes Insekt? Lies darüber auf S. 14–15.
- Welches ist eine der Methoden, mit denen sich Termiten bei Gefahr warnen? Lies nach auf S. 37.

ABSCHWIRREN

Wenn eine neue Königin geboren wird, verlässt die alte den Stock mit einem Teil des Volkes.

Tief im Innern einer Termitenkolonie lebt die Königin 15 Jahre lang in einer Kammer und legt 14 Millionen Eier. Andere Kammern umgeben sie. In einigen sind Pilzgärten angelegt, aus denen die Kolonie sich ernährt, und andere sind Kinderstuben, in denen es von Termitennymphen wimmelt. Es gibt sogar Abfallkammern. Ein Gewirr von Tunneln sorgt für Luftzirkulation.

Wenn Arbeiterinnen mit der Aufzucht einer neuen Königin in einer Königinkammer (rechts) beginnen und diese schlüpft, fliegt die alte Königin mit einem Teil des Volkes davon.

Mindestens 70 000 Honigbienen-Arbeiterinnen schwärmen aus dem alten Nest mit der alten Königin aus. Sie lassen sich auf einem nahen Baum nieder und warten, bis die Kundschafter einen Platz für ein neues Nest gefunden haben.

Haben die Kundschafterbienen einen geeigneten Platz gefunden, teilen sie dies den anderen mit einem Tanz mit. Hier ist es die Wabe eines Imkers. Der Imker hat die Königin in die Wabe gesetzt. Die anderen folgen ihr.

Pilzgärten

Arbeiterinnenkammer

Königinkammer

Kinderstube mit Nymphen und Eiern

Soldat

Die Spinnen-Story

Diese Tiere haben acht Beine, aber sie werden dennoch ständig mit Insekten verwechselt. Was also sind sie? Sie sind Spinnen, und ohne sie würden die Insekten auf der Erde überhand nehmen. Wie haben diese erstaunlichen Tiere ihr Talent, einen Seidenfaden zu spinnen, zum Bau der erfolgreichsten Jagd- und Fanggespinste genutzt? Das wirst du herausfinden, wenn du vom Leben und Weben der Spinnen liest.

Seite **48**
Ist das eine Spinne? Lerne, woran man sie erkennt. Lies nach bei **Spinne kontra Insekt**.

Seite **50**
Manche Spinnen haben eine sehr merkwürdige Gestalt. Warum? Lies nach bei **Von nah gesehen**.

Seite **52**
Diese Spinne hat riesige Augen. Heißt das, sie kann gut sehen? Lies nach bei **Körpersprache**.

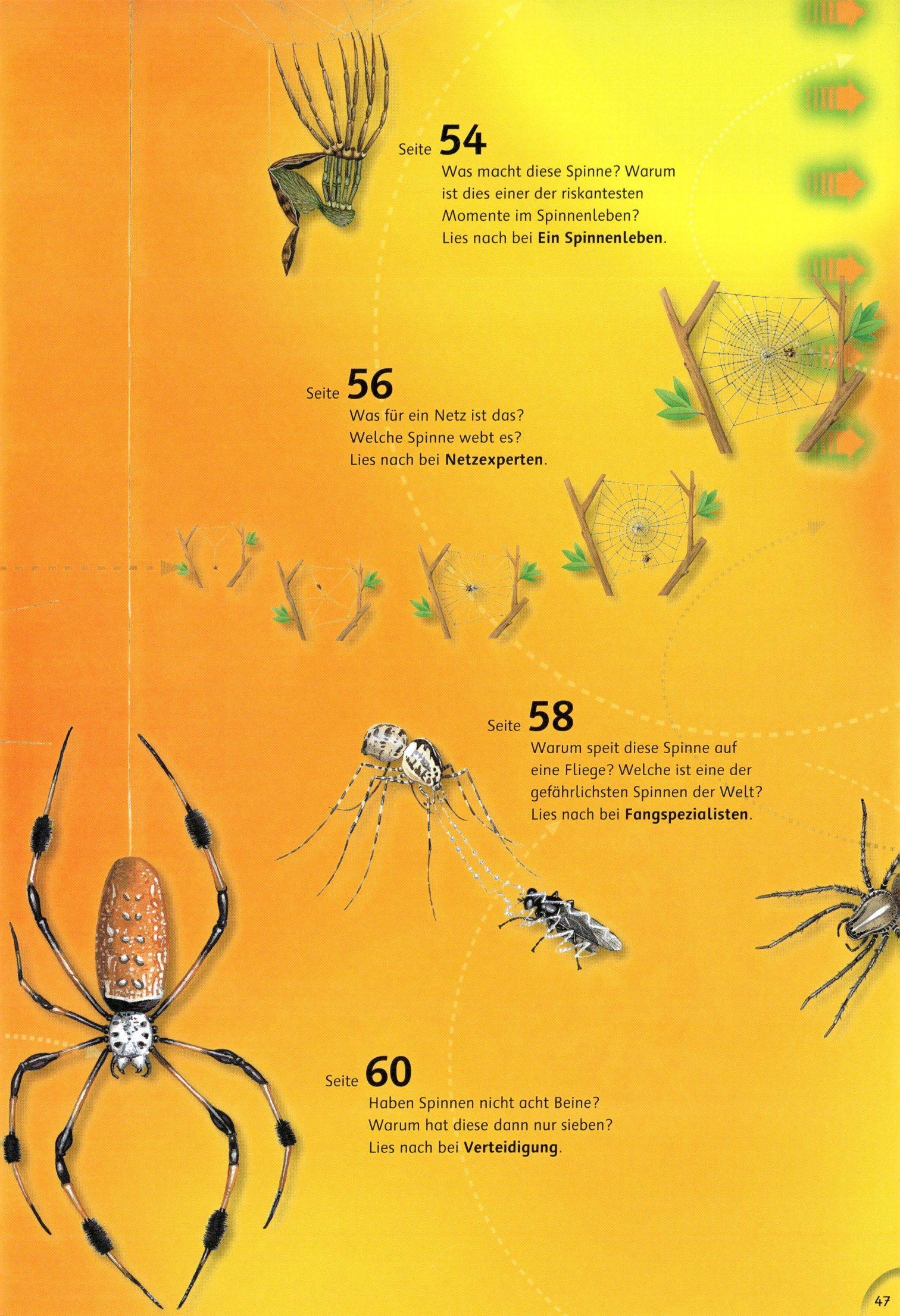

Spinne kontra Insekt

Spinnen gehören zu den Spinnentieren (Arachniden) und haben acht Beine. Ihr Körper ist deutlich zweigeteilt – in einen Vorderkörper, bestehend aus Kopf und Brust (Cephalothorax), und einen Hinterkörper (Abdomen). Statt Fühler haben Spinnen als Sinnesorgane zwei Tastbeine (Pedipalpen). Meist haben sie acht einfache Augen, manche sind aber augenlos. Immer haben Spinnen ein Paar Klauen (Cheliceren). Häufig wird durch diese Klauen ein lähmendes Gift in die Opfer gespritzt.

Wie Insekten sind auch Spinnen eine der am zahlreichsten vertretenen Gruppen im Tierreich. Sie finden sich auf Berggipfeln ebenso wie unter Wasser, in Kellern und Wohnungen. Es gibt rund 36 000 Arten, darunter tellergroße Wüstentaranteln und tropische Spinnen, kleiner als Stecknadelköpfe. Alle Spinnen sind Räuber, und was sie fressen, hängt von ihrer Größe und Stärke ab. Die größten unter ihnen überwältigen große Insekten, Skorpione, Eidechsen, kleine Säuger und Vögel. Die meisten Spinnen aber ernähren sich von kleinen Insekten und anderen Spinnen. Ohne sie würden lästige Insekten wie Fliegen und Schaben die Erde geradezu überschwemmen.

Es gibt zwei Hauptgruppen von Spinnen, die ihre Klauen unterschiedlich einsetzen. Bei den stark behaarten Vogelspinnen und den Falltürspinnen bewegen sich die Klauen von oben nach unten (oben links). Die Klauen der echten Spinnen oder Webspinnen bewegen sich seitlich aufeinander zu (rechts). Mit beiden Methoden können Spinnen ihre Beute packen und festhalten.

Diese Wasserspinne lebt unter Wasser. Damit sie dort atmen kann, spinnt sie ein Taucherglockennetz und füllt es mit Luftblasen, die sie von der Wasseroberfläche mitbringt. Tagsüber bleibt sie in der Glocke und geht nur nachts auf die Jagd.

INSIDESTORY
Spinnenforscher

Wissenschaftler, die sich mit Spinnen befassen, heißen Arachnologen. Manche arbeiten mit extrem gefährlichen Spinnen und sammeln ihr Gift, um daraus Gegengifte für giftige Spinnenbisse oder Medikamente für Krebs und Herzkrankheiten herzustellen. Andere erforschen Spinnseide und machen Vorschläge für ihre Verwendung, wie zum Beispiel die Herstellung von sehr feinen Fäden zum Vernähen von Wunden oder von Schutzkleidung wie schusssicheren Westen. Umweltschutz ist ein weiteres Gebiet, auf dem Arachnologen sich betätigen. Je mehr Lebensräume in der Natur zerstört werden, desto mehr Spinnenarten sind vom Aussterben bedroht. Viele seltene Spinnen werden heute in Gefangenschaft gezogen.

MÖCHTEGERNSPINNEN
Manche Spinnentiere sehen Spinnen ziemlich ähnlich, doch lass dich davon nicht täuschen.

Eine Walzenspinne sieht vielleicht wie eine haarige Spinne aus, hat aber den für Skorpione typischen, stark unterteilten Hinterkörper. Walzenspinnen haben im Verhältnis zu ihrer Größe die kräftigsten Mundwerkzeuge aller Tiere. Damit zerschneiden und zerquetschen sie Mäuse, Vögel und Eidechsen, bevor sie sie fressen.

WÖRTERBUCH

Einem altgriechischen Mythos zufolge war Arachne eine Weberin, die von der Göttin Athene in eine Spinne verwandelt wurde. Ihr Name steckt in Wörtern wie **ARACHNIDEN** = Spinnentiere und **ARACHNOLOGIE** = Spinnenkunde.

SCHON GEWUSST?

Wenn du eine Schwarze Witwe zum ersten Mal siehst, wirst du kaum glauben, dass etwas so Kleines so gefährlich sein kann. Denn diese erbsengroßen Spinnen können ein Gift injizieren, das 15-mal gefährlicher ist als das einer Klapperschlange. Zum Glück hält sie sich meist verborgen.

WEGWEISER

- Wie bleibt eine Spinne am Leben, wenn sie schlecht sieht? Lies auf S. 52–53.
- Die Häutung ist eine der gefährlichsten Zeiten im Spinnenleben. Lies weiter auf S. 54–55.
- Eine Spinne, die spuckt? Blättere zu S. 58, wenn du es sehen willst.

Auge
Manche Spinnen können sehr gut sehen, andere dagegen sind blind.

Hinterkörper
(Abdomen) Er enthält die Seidendrüsen, die Lungen und andere lebenswichtige Organe.

Tastbeine
Die Tastbeine (Pedipalpen) dienen als Sinnesorgane oder zur Nahrungsaufnahme. Männchen benutzen sie auch zur Samenübertragung bei der Paarung.

Klauen
Zwei Klauen (Cheliceren) sitzen vor dem Mund. Bei den meisten Arten führt ein Giftkanal hindurch.

Kralle
Viele Spinnen haben gezähnte Krallen und Härchen, mit denen sie ihre Netzfäden halten.

Diese Marmorierte Kreuzspinne ist für Menschen nicht gefährlich. In ihrem Leben frisst sie mehr als 350 Fliegen und Wespen und vernichtet so lästige Insekten. Trotz ihres schlechten Rufs sind Spinnen wichtige Schädlingsbekämpfer und helfen, die Zahl der Schaben, Fliegen und sogar Skorpione zu verringern.

Vorderkörper
(Cephalothorax) An dem Kopfbruststück sitzen auch die Kiefer und die Beinpaare.

Bein
Alle Spinnen haben acht gegliederte Beine. An den hintersten sitzen oft Klauen, mit denen Beute in Seide gewickelt wird.

Spinnen haben Außenskelette, die nicht mitwachsen. So müssen sie sich wie die Insekten häuten, während sie heranwachsen. Diese Rotknie-Vogelspinne hat sich aus ihrem alten Außenskelett gezwängt.

Die meisten Milben sind mikroskopisch klein, aber die leuchtend scharlachrot gefärbte Samtmilbe kann man mit bloßem Auge sehen. Milben leben fast überall und wahrscheinlich gibt es von ihnen mehr als von jeder anderen Gruppe der Gliederfüßer.

Obwohl dieser Weberknecht einer Spinne sehr ähnlich sieht, scheint er wie die Milben nur einen Körperabschnitt zu haben. Die Beine vieler Arten sind auffallend lang, aber einige haben auch kurze.

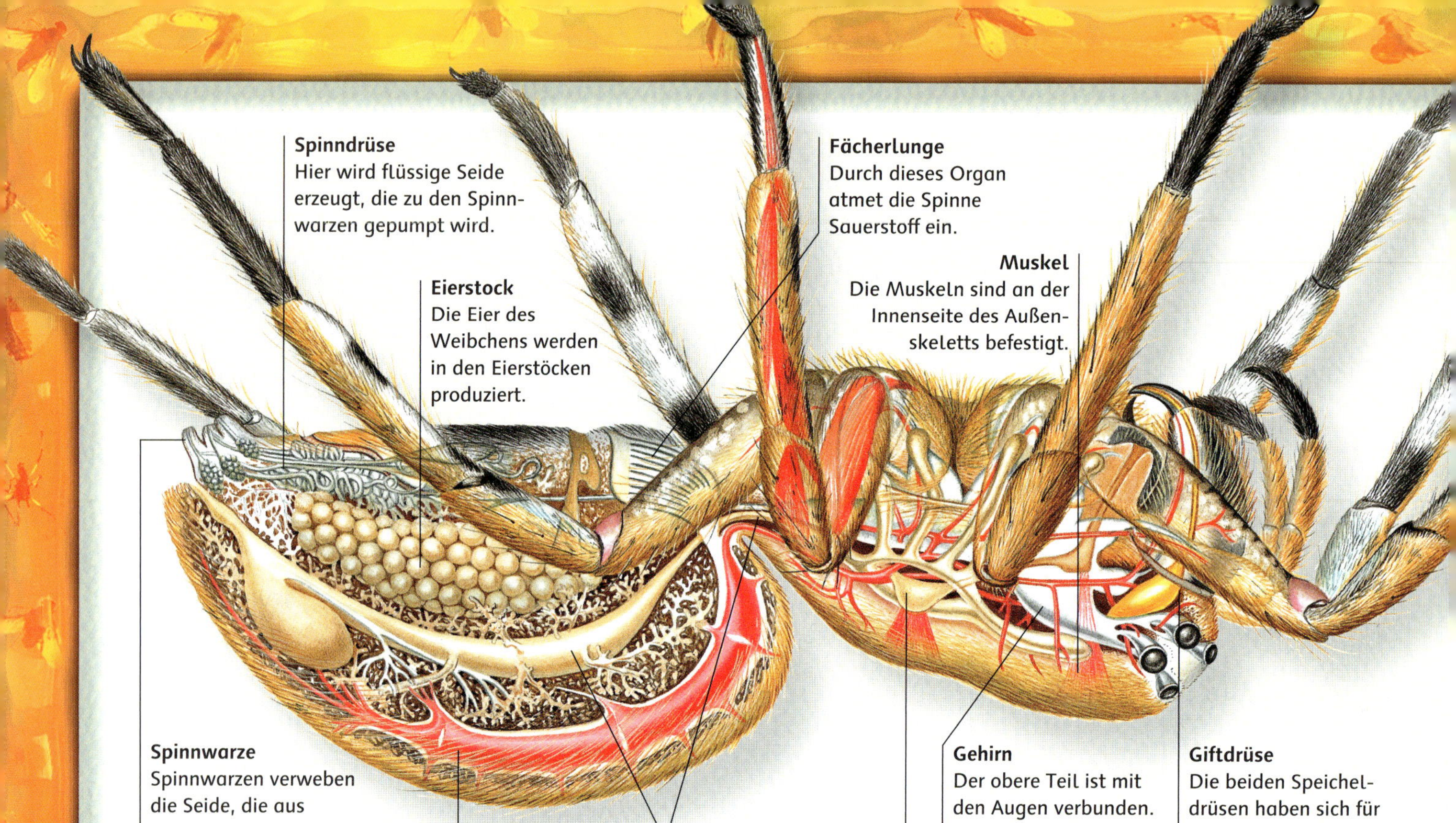

Spinndrüse
Hier wird flüssige Seide erzeugt, die zu den Spinnwarzen gepumpt wird.

Fächerlunge
Durch dieses Organ atmet die Spinne Sauerstoff ein.

Eierstock
Die Eier des Weibchens werden in den Eierstöcken produziert.

Muskel
Die Muskeln sind an der Innenseite des Außenskeletts befestigt.

Spinnwarze
Spinnwarzen verweben die Seide, die aus Spinnspulen kommt.

Herz
Das Herz der Spinne ist lang und dünn und verläuft unter der Rückendecke des Hinterleibs.

Mitteldarm
Im Mitteldarm wird die Nahrung verdaut. Von hier gelangt sie in den Blutkreislauf.

Saugmagen
Die Nahrung wird in das muskulöse Organ gesogen und dann im Verdauungstrakt verarbeitet.

Gehirn
Der obere Teil ist mit den Augen verbunden. Der untere Teil steht mit dem übrigen Körper in Verbindung.

Giftdrüse
Die beiden Speicheldrüsen haben sich für die Erzeugung von Gift und Verdauungssäften weiterentwickelt.

Ein Blick in den Körper einer Jagdspinne zeigt, wie eine Spinne funktioniert. Diese schnell laufenden Räuber gehören zu den echten Spinnen.

Von nah gesehen

Die Spinne besitzt ein Gehirn, das als Kontrollzentrum des Körpers fungiert. Sie hat ein Herz, das nährstoffreiches Blut zu den Organen pumpt. Sie hat Lungen zum Atmen. Und ein Verdauungssystem zerlegt die Nahrung. Wie bei den Insekten arbeiten diese Systeme jedoch etwas anders als bei den Wirbeltieren.

Die meisten Spinnen nehmen Sauerstoff auf zwei Arten auf. Luft gelangt durch Schlitze im Hinterleib in die Fächerlungen, von wo aus sie in das Blut strömt und zu den einzelnen Körperteilen gelangt. Viele Arten haben außerdem Tracheen oder Atemröhren, die zu Atemlöchern führen. Manche Spinnen besitzen keine Tracheen, dafür aber zwei Paar Fächerlungen.

Spinnen können ihre Nahrung nur flüssig aufnehmen. Zwar haben einige Mundteile, mit denen sie die Beute zerquetschen können, doch müssen alle Spinnen ihre Nahrung verflüssigen, damit sie sie aufsaugen können. Die meisten Arten spritzen ihrer Beute Gift ein und spucken dann Verdauungssäfte in das Opfer, um die Körpergewebe aufzulösen. Die verflüssigte Nahrung wird in den Saugmagen gesogen und in den Verdauungstrakt befördert.

Mit einem weiteren wichtigen Körpersystem produzieren Spinnen Seide, das sie zu einem tödlichen Zweck weiterentwickelt haben.

Spezialdrüsen im Hinterleib der Spinne erzeugen flüssige Seide. Diese wird zu den Spinnwarzen der Spinne geleitet, wo sie aus Hunderten von Spinnspulen – hier 170-fach vergrößert – austritt. Spinnen haben zwei bis drei Paar Spinnwarzen, und jede Spinnwarze hat verschiedene Arten von Spulen für verschiedene Arten von Seide.

Vogelspinne

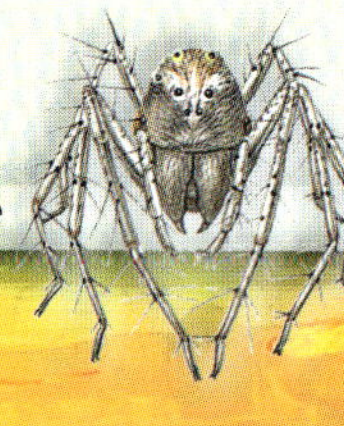

Luchsspinne

📖 WÖRTERBUCH

Die **FÄCHERLUNGE** heißt so, weil hier die Haut in viele Falten gelegt ist, wie der Stoff eines Fächers. Dadurch vergrößert sich die Oberfläche, über die die Spinne Sauerstoff aufnehmen kann.

Der **CEPHALOTHORAX** ist der zu einem Stück verschmolzene Kopf und Thorax bei Spinnen und Krebstieren. Der Ausdruck setzt sich aus den altgriechischen Wörtern kephale für „Kopf" und thorax für „Brustpanzer" zusammen.

✳️ SCHON GEWUSST?

Die meisten Spinnen leben nur 2 bis 3 Jahre, aber die tropischen Vogelspinnen werden 7 bis 15 Jahre alt, allerdings ist die mexikanische Rotknie-Vogelspinne eine Ausnahme. Sie braucht fast 7 Jahre, um geschlechtsreif zu werden. Die meisten Männchen sterben 6 bis 12 Monate danach. Die Weibchen aber können 30 Jahre alt werden.

➡️ WEGWEISER

- Das Insekteninnere ist etwas anders als das der Spinnen. Sieh dir die Systeme der Insekten auf S. 10–11 an.
- Wie Spinnen verhindern, dass sie sich in ihren eigenen Gespinsten verfangen, steht auf S. 56.

SELTSAME SPINNEN

Manche Spinnen passen nicht in die übliche Spinnenform. Wissenschaftler haben keine Erklärung, warum die Stachelspinne (rechts) so merkwürdig aussieht, aber bei der Radnetzspinne (unten) lässt sich vermuten, dass die pfeilförmigen Stacheln an ihrem Hinterleib sie davor bewahren, von Vögeln gefressen zu werden.

Die Unterseite dieser kopfüber in ihrem Netz hängenden Gartenkreuzspinne bietet eine ganz andere Anblick einer Spinne. Man kann die eingeschlagenen Klauen sowie die Ansätze der Beine am Vorderkörper erkennen. Auch die Spinnwarzen an der Spitze des Hinterkörpers sind zu sehen.

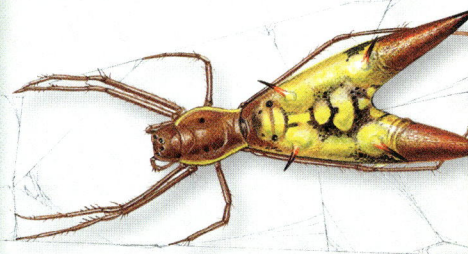

Der seltsame „lange Hals" auf dem Hinterleib dieser Spinne verändert die Spinnengestalt, sodass Räuber sie nur schwer ausmachen können.

Die Augen dieser winzigen Spinne sitzen ganz oben auf ihrem Vorderkörper. Manche Forscher vermuten, so könne sie Beute besser ausmachen, andere meinen, die verlängerten Kiefer dienen der Nahrungsaufnahme.

✋ SEI AKTIV!

Spinnenbeobachtung: Teil 1

Die meisten Spinnen sind scheu und halten sich versteckt. Dennoch wirst du überall, wo du suchst, mit ziemlicher Sicherheit Spinnen finden.

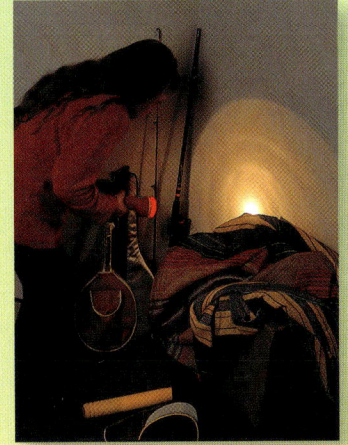

1. Berühre nie eine Spinne, wenn du nicht weißt, ob sie harmlos ist. Wenige Arten sind gefährlich, aber viele können schmerzhaft beißen.
2. Fasse nie mit den Fingern in ein Loch, unter einen Baumstamm oder unter einen Stein, wo du sie nicht sehen kannst.
3. Am besten holst du einen Erwachsenen dazu.
4. Drinnen: Suche nach Radnetzspinnen auf Fensterbänken. Sie sitzen mitten in ihrem Netz oder in einer Fensterecke.
5. Dunkler, trockener Boden (rechts): Wenn du das Netz einer Hausspinne findest, berühre es sanft. Dann krabbelt die Spinne herbei und sieht nach, ob Beute drinnen ist.
6. Draußen: Spinnen sind hier schwerer zu finden – vielleicht sitzen sie versteckt unter Steinen oder Holzstücken

Diese Streckerspinne schmiegt zur Tarnung ihren schmalen Leib mit den langen Beinen eng an Zweige und Halme an.

Falltürspinne   Haubennetzspinne

Körpersprache

Eine Spinne sieht durch eine Augengruppe, die vorn am Vorderkörper sitzt. Bei den meisten dient ein Augenpaar dem Bildsehen, während die anderen Augen Bewegung wahrnehmen. Viele Spinnen sehen schlecht und verlassen sich stattdessen auf Sinneshaare. Einige Haare spüren Bewegung. Andere, insbesondere auf Tast- und Laufbeinen, dienen zum Riechen und Schmecken. Auch haben Spinnen winzige Spalten in ihren Außenskeletten, die auf Schwingungen reagieren. Netz bauende Spinnen stellen mit diesen Sinnesorganen fest, ob etwas in ihren Netzen ist.

Spinnen benutzen ihre Sinnesorgane auch für die Verständigung. Bei der Werbung winken die Männchen der Wolfs- und Springspinnen mit ihren Beinen und vollführen Tänze, um paarungswilligen Weibchen zu imponieren. Da einige Spinnen wegen ihrer geringen Sehleistung solche Paarungsrituale nicht sehen können, „sprechen" sie mit ihren möglichen Partnern über Schwingungen. Sie trommeln mit ihren Tast- oder Laufbeinen auf den Boden. Einige Netz bauende Spinnen benutzen auch Duftbotschafen und hüllen ihre Netze in Pheromone.

Das Männchen der Zebraspinne muss sich dem Netz des Weibchens vorsichtig nähern. Es ist viel kleiner und könnte für Beute gehalten werden! Darum zupft es einen Spezialcode am Netz des Weibchens, den nur ihre Art kennt, damit es weiß, dass ein Partner da ist.

Wenn das Männchen der Gerandeten Jagdspinne auf Freiersfüßen ist, bringt es mit seinen Beinen die Wasseroberfläche in Bewegung. Dank der empfindsamen Sinnesorgane an seinen Füßen kann das Weibchen das Muster der Kräuselwellen erkennen.

Diese männliche Radnetzspinne ist über und über von winzigen Sinneshaaren bedeckt. Jedes Haar sitzt in einer kleinen Grube, die von Nervenendigungen umgeben ist. Das Haar wird von kleinsten Schwingungen in Bewegung versetzt, und die Nerven senden an das Gehirn die Botschaft, dass Gefahr – oder Beute – im Anmarsch ist.

WÖRTERBUCH

Das Verhalten fast aller Spinnen und Insekten ist instinktiv. **INSTINKTIVES VERHALTEN** wird durch Gene übertragen. Beispielsweise hält ein Baby unter Wasser automatisch die Luft an. Erlerntes Verhalten ist anders – ein Baby muss lernen, dass es eine heiße Herdplatte nicht anfassen darf.

SCHON GEWUSST?

Ein Spinnenweibchen frisst das Männchen in der Regel nur auf, wenn es zu unbeholfen ist. Nicht so die Phidippus-Springspinne. Das winzige Männchen muss auf das Weibchen springen und es festhalten. Damit es nicht herunterfällt, schlägt das Weibchen seine Klauen in den Freier und saugt ihn während der Begattung aus.

WEGWEISER

- Lies über das Vielzweck-Sinnesorgan der Insekten, das Spinnen nicht haben, auf S. 12–13.
- Was bedeutet es gewöhnlich, wenn ein Spinnennetz vibriert? Lies darüber auf S. 56–57.

SPINNENAUGEN

Sieh dir die Augen einer Spinne an, damit du verstehst, wie sie lebt und ihre Nahrung findet.

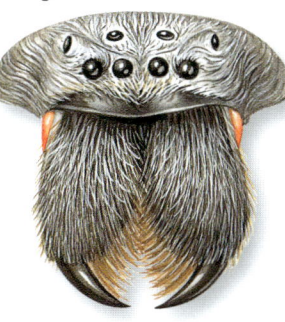

Wie schon ihr Name sagt, fängt die Jagdspinne aktiv Beute. Ihre Augen sind so angeordnet, dass sich ein weites Sichtfeld ergibt.

Die Krabbenspinne nimmt eine Beute schon von fern mit sehr empfindlichen Sinneshaaren wahr. Näher dran nutzt sie auch die Augen.

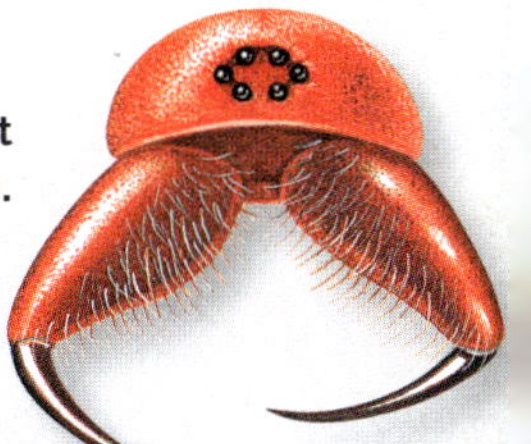

Dieses Springspinnenmännchen hat ein Weibchen entdeckt. Sofort beginnt es, heftig mit den Vorderbeinen zu winken und auf sein grelles Farbmuster aufmerksam zu machen, das nur seine Art besitzt. Hat es die Aufmerksamkeit der Spinnenfrau erregt, springt es sie in einem Zickzackmanöver an und beginnt, sie zu streicheln. Wenn sie Interesse zeigt, paaren sich die beiden.

Diese Spinne hat sechs anstatt acht sehr kleine Augen. Sie jagt nachts und verlässt sich auf ihren Tastsinn, wenn sie Beute unter Steinen und Rinden sucht.

INSIDESTORY

Schlauer Jäger

Die meisten Spinnen setzen die gleichen Jagdmethoden ein, egal, welche Beute sie verfolgen. Das nennt man instinktives Verhalten. Doch die Dandy-Springspinne stellt sich beim Jagen auf die Spinnenart ein, die sie jagt. Wenn sie auf ein neues Radnetz trifft, klopft sie vorsichtig, als ob sie ein werbendes Männchen sei. Nach ein paar Versuchen gelingt ihr das richtige Signal, und das Weibchen kommt paarungswillig heraus, wird aber sogleich verspeist. Die Dandy-Springspinne merkt sich das Signal und wendet es wieder an, sobald es ein Netz der gleichen Art findet.

Die Käscherspinne besitzt zwei große Augen, die hundertmal lichtempfindlicher sind als die des Menschen. Sie kann in totaler Dunkelheit Beute fangen.

Werbeverhalten der Wolfsspinne

Eisack und Eier der
Rotbraunen Jagdspinne

Frisch geschlüpfte
Jagdspinne

Juvenile
Jagdspinne

Erwachsene
Jagdspinne

Ein Spinnenleben

Spinnenweibchen legen ihre Eier wenige Wochen nach der Paarung ab. Alle Spinnenmütter umhüllen ihre Eier mit einem Kokon, damit sie feucht bleiben und vor Parasiten geschützt sind. Viele Mütter sterben kurz nach der Eiablage. Falltürspinnen bewachen ihre Jungen in ihren Erdlöchern, während Wolfspinnen und Raubspinnen ihren Eikokon herumtragen, bis die Jungen Monate später schlüpfen.

Schlüpfende Jungspinnen müssen sich erst aus der Eihülle und dann aus dem Eisack zwängen. In den ersten Tagen leben sie von den Resten des Eidotters und bleiben meist eng beieinander. Manche Jungspinnen werden von ihren Müttern bewacht und beschützt – es gibt sogar Webspinnenweibchen, die sich als erste Mahlzeit für ihren Nachwuchs opfern! Doch die meisten Jungspinnen müssen allein für sich sorgen. Wenn das Wachstum einsetzt, müssen sie das Nest verlassen, damit sie sich nicht gegenseitig auffressen. Wie alle Gliederfüßer streifen auch sie ihre alten Außenskelette ab, um wachsen zu können. Je nach Art häutet sich eine Spinne 6- bis 30-mal in ihrem Leben.

Spinnen paaren sich auf vielfältige Art. Links im Bild ist das Weibchen der Grünen Luchsspinne zu sehen. Das Weibchen befestigt einen Seidenfaden an dem Blatt, auf dem es sitzt, und springt dann in die Luft. Das Männchen folgt ihr an seinem eigenen Faden. Sie paaren sich dann, an ihren Leinen hängend, in der Luft.

SEI AKTIV!
Spinnenbeobachtung: Teil 2

WARNUNG: Wenn es in deiner Gegend Giftspinnen gibt, ist dieses Projekt nichts für dich. Was du ansonsten für die Spinnenjagd gebrauchen kannst, ist ein durchsichtiger Plastikbehälter. Stelle den unteren Teil über die Spinne, pass aber auf, dass du ihre Beine nicht einklemmst – mit ihren langen Beinen und weichen Körpern sind Spinnen leicht verletzbar und, wenn man zu grob vorgeht, kann man sie auch töten. Zieh den Behälter langsam über den Deckel. Wenn die Spinne drinnen ist, schließe ihn. Nun kannst du das Tier gut mit dem Vergrößerungsglas beobachten. Wenn du fertig bist, lass die Spinne frei, wo du sie gefunden hast. Du kannst auch die abgestreiften Häute der Spinnen untersuchen. Sie sind sehr empfindlich, nimm sie darum vorsichtig mit einer Pinzette auf und sieh sie dir mit einer Lupe an.

Diese weibliche Wolfsspinne trug ihr Eipaket wochenlang an ihren Spinnwarzen herum. Sie ritzte das Eipaket auf, damit die Jungspinnen schlüpfen konnten, und nun trägt sie sie huckepack. Alle bleiben bis zu ihrer ersten Häutung bei ihr.

DER SPINNE NEUE KLEIDER

Das Abstreifen der Haut ist mühsam – und gefährlich! Wenn es zu trocken ist, kann die Spinne in ihrem Außenskelett stecken bleiben und sterben. Das neue Außenskelett bleibt mehr als einen Tag lang weich und macht die Spinne in dieser Phase besonders verletzbar. Männchen hören gewöhnlich mit dem Häuten auf, wenn sie erwachsen sind.

Die alte, ihren Hinterleib bedeckende Haut beginnt wegzurutschen, während die Spinne ihre Beine befreit.

Eine weibliche Riesennetzspinne hängt an ihrem Netz, während ihr altes Außenskelett an der Kante ihres Cephalothorax aufreißt.

WÖRTERBUCH

Junge Spinnen auf dem Weg zum Erwachsenwerden nennt man **JUVENIL** – lateinisch juvenilis = jugendlich.

ALTWEIBERSOMMER nennt man die vielen dünnen Fäden, die im Frühherbst in der Luft schweben. Produziert werden sie von juvenilen und kleinen erwachsenen Spinnen. Sie klettern an Gräsern und Zweigen empor, lassen Spinnfäden austreten und fliegen im Wind davon.

SCHON GEWUSST?

1883 vernichtete ein Vulkanausbruch auf der Insel Krakatau alles Leben. Als erste Heimkehrerin schwebte eine Spinne an ihrem Seidenfaden herbei.

Auch in den eisigen Küstengewässern Neuseelands lebt eine Spinnenart, die ihr Nest an Seetang aufhängt.

WEGWEISER

- Wie Spinnen häuten sich auch Insekten. Mehr darüber steht auf S. 14–15.
- Was Spinnen außer Artgenossen gern fressen, erfährst du auf S. 58–59.
- Kann eine Spinne überleben, wenn sie ein Bein verliert? Lies darüber auf S. 61.

Die Raubspinne Pisaura gilt zu Recht als gute Mutter. Sie schleppt ihr Eipaket überall mit sich herum. Wenn ihre Kleinen schlüpfbereit sind, baut sie ihnen aus Seide eine Kinderstube. Sie bewacht die Jungen sogar und verjagt kleinere Räuber, die ihnen zu nahe kommen.

Die Spinne zieht ihre langen, zerbrechlichen Beine langsam ganz aus der alten Haut heraus. Das macht sie so, wie man einen Handschuh auszieht, aber wenn etwas schiefgeht, hat die Spinne womöglich keine Beine mehr.

Nachdem die Spinne ganz herausgeklettert ist, hängt sie hilflos an ihrer alten Außenhaut, während das Blut in die neue Haut fließt und sie ausdehnt, solange sie noch weich ist. Erst nach 20 Minuten ist die Haut so weit erhärtet, dass die Spinne in ihr Netz zurückklettern kann.

Netzexperten

Nach Meinung der Wissenschaftler haben Spinnen
Seide ursprünglich zum Bau ihrer Eikokons gebraucht.
Doch im Laufe der Evolution haben Spinnen gelernt,
bis zu sieben verschiedene Fadenarten herzustellen –
sie packen damit ihre Beute und ihre Eier ein, kleiden
Erdhöhlen aus und machen daraus Sicherheitsfäden
für den freien Fall, Stolperfäden, klebrige Fangfäden
und natürlich Netze. Selbst bei der Paarung ist Seide
im Spiel. Das Männchen der Wanzenspinne fesselt
das Weibchen, damit es nicht gefressen wird!
Netze sind so verschiedenartig wie die Spinnen, die sie
weben. Kreuzspinnen bauen die bekannten runden
Radnetze, während Hausspinnen hauchdünne Gespinste
herstellen. Andere fertigen mehrschichtige Netze, die
an niedrigen Büschen und Gräsern hängen, Scheibennetze
mit tunnelförmigen Fluchtröhren, wo sie auf Beute lauern,
oder Stolperfäden vor ihren Schlupfwinkeln. Aktiv jagende
Spinnen produzieren seidene Zugleinen, die sie wie Berg-
steiger benutzen, wenn sie auf Beutefang sind.
Spinnseide ist eine in Hinterleibsdrüsen erzeugte Flüssigkeit
und tritt durch Spinnspulen an den Spinnwarzen aus. Die
Spinne zieht mehrere Fäden auf einmal heraus. Durch das
Strecken verfestigt sich die Seide. Spinnseide ist beinahe
so fest wie vergleichbare Faser aus Stahl und zweimal so
dehnbar wie Nylon. Weil die Seide voller Proteine ist,
verspeisen viele Spinnen ihre Netze, wenn sie
unbrauchbar geworden sind.

Seidenfäden bestehen
aus vielen Fädchen und
werden aus den Spinn-
warzen einer Spinne
gezogen, die die Seide
wie Finger in genau die
Richtung lenken, wo
die Spinne sie braucht.
Jeder Faden ist für
einen ganz bestimm-
ten Zweck geeignet.

Die Afrikanische Argiope wartet in
ihrem Netz, bis sich ein Insekt darin
verfängt. Die Beute bleibt kleben,
nicht aber die Spinne, die ihr Netz
mit einem Rahmengerüst aus nicht
klebenden Fäden gebaut hat, auf
denen sie entlangläuft. Die Fäden
für das übrige Netz sind mit Kleb-
stoff versehen, auf dem Insekten
unentrinnbar festgehalten werden.

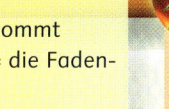

WÖRTERBUCH

Das Wort **SPINNE** kommt von Althochdeutsch spinna = die Faden-ziehende.

STABILIMENTE kommt von lateinisch stabilimentes = Befestigungen. Es sind auffallend gestaltete Seidenbahnen in Radnetzen. Vermutlich dienen sie der Tarnung der Spinne oder dem Anlocken von Beute.

SCHON GEWUSST?

Einige Riesenradnetzspinnen in tropischen Ländern bauen Netze, die so fest sind, dass sie damit selbst kleine Vögel fangen können. In Papua-Neu-guinea, wo die größten dieser Spinnen vorkommen, benutzen die Eingeborenen solche Riesenradnetze, die einen Durchmesser von 2,5 m erreichen, als Fischfangnetze.

WEGWEISER

• Was sieht eine Biene, wenn sie eine Blüte erblickt? Das steht auf S. 12.
• Seidenstoff wird aus Insektenspucke gemacht. Lies nach auf S. 23.

NETZ-ARTEN

Wie ein Netz aussieht, hängt von der Spinne ab, die es gewebt hat. Spinn-weben reichen von sorgfältig ausge-führten Bauten bis zu wüsten Faden-gewirren. Manche Spinnen stellen jede Nacht ein neues Netz her. Andere weben ein neues Netz nur, wenn das alte nicht mehr klebt.

Das im Gebüsch ver-spannte Deckennetz der Baldachinspinne mag etwas unordent-lich aussehen, aber ein Insekt, das sich in dem fein gesponnenen Gewebe verfängt, fällt meist in ein zweites Netz darunter.

Nachdem die Trichterspinne ein Gewirr von Stolperfäden vor ihrem Wohngespinst ausgelegt hat, hockt sie bewegungslos und wartet. Berührt ein Insekt einen Stolper-faden, spürt die Spinne die Bewegung – und schlägt zu.

Eine Wespe ist der Kreuzspinne in die Falle gegangen. Sie muss die Wespe zunächst in eine seidene Zwangsjacke wickeln, damit sie sie nicht stechen kann. Erst dann injiziert die Spinne ihr Gift.

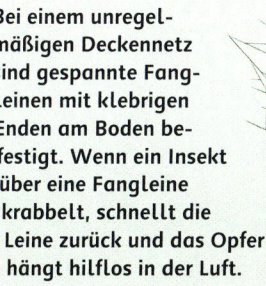

Die aus feiner Seiden-wolle gesponnen Falle ist zwar nicht klebrig, aber Insekten verfangen sich schnell darin.

Bei einem unregel-mäßigen Deckennetz sind gespannte Fang-leinen mit klebrigen Enden am Boden be-festigt. Wenn ein Insekt über eine Fangleine krabbelt, schnellt die Leine zurück und das Opfer hängt hilflos in der Luft.

INSIDESTORY

Sichtbare Netze

Insekten können Spinnennetze erkennen, weil sie ultraviolettes Licht sehen, das von diesen reflek-tiert wird. Warum also umfliegen sie die Netze nicht? Forscher vermuten, dass manche Netze die gleichen ultravioletten Muster zeigen wie Blüten. Schmetterlinge und Fliegen könnten also glauben, sie flögen in eine Blüte und nicht in ein klebriges Netz. Andere Netze sehen vielleicht wie eine helle Lichtquelle aus und locken Falter an. Zebra-spinnen verstärken oft die Mitte ihrer Netze mit Zickzackmustern, sogenannten Stabilimenten. Jede Art hat ihr Muster – vielleicht sollen damit Insekten angelockt oder Vögel (und Menschen!) gewarnt werden. Möglicherweise schützen Stabilimente die Spinne wie ein Schirm vor Sonne.

Die Dreiecksspinne hält ihr Netz mit den Vorderbeinen und verankert sich mit einem Faden an dem Zweig hinter ihr. Berührt ein Insekt das Netz, lässt die Spinne los, und das Netz fällt auf die Beute, die nicht entkommen kann.

Hilfsspirale aus Trockenfäden angelegt

Spirale aus Klebe-faden angelegt

Fangspezialisten

Alle Spinnen sind Fleischfresser. Die allermeisten stellen zwar Fallen, aber 18 000 Arten fangen ihre Beute nicht mit Netzen. Es sind Spinnen, die ihre Nahrung aktiv jagen oder ihr auflauern.

Springspinnen leben als umherschweifende Jäger und sind oft zu sehen, wenn sie einer Beute zu mehreren nachspringen und die seidenen Sicherheitsleinen hinter ihnen herschweben. Lasso-Spinnen hängen sich nachts an horizontal verlaufende Fäden und schleudern vorüberfliegenden Insekten einen Seidenfaden mit einem Leimtropfen am Ende entgegen. Die meisten Jäger fressen Ameisen, Käfer und andere Spinnen, doch größere Exemplare – wie einige Vogelspinnen und Jagdspinnen – erwischen auch Eidechsen, Frösche, kleine Nager, Fische und Vögel.

Falltürspinnen warten in ihren Erdröhren, gleich unter ihren aus Seide gefertigten Falltüren, und schießen blitzschnell heraus, sobald sie vom Beutetier verursachte Bewegungen spüren. Andere passen sich in ihrer Tarnung den Blüten, Blättern oder Rinden ihrer Umgebung an, und warten, bis ein ahnungsloses Insekt in ihre Nähe kommt.

Springspinne springt

Lasso-Spinne mit Falter

Eine Falltürspinne schiebt ihre Tür aus Erde und Seide hoch und verrät damit ihre Gegenwart. Sitzt sie jedoch bei geschlossener Tür in ihrer Erdröhre, bemerkt man sie nicht. Die an einem Seidenscharnier klappbare Tür passt sich dem Boden perfekt an.

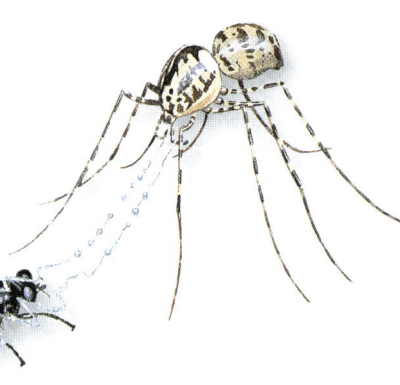

Diese Speispinne ist zu langsam, um eine Fliege zu fangen, darum spuckt sie ein lähmendes Gift aus einiger Entfernung auf das Opfer. Sobald sie etwa eine Körperlänge von ihm entfernt ist, schleudert sie ihr klebriges Gift aus ihren Giftdrüsen über die Fliege, die unentrinnbar gefesselt ist.

INSIDESTORY
Die Tarantel-Geschichte

Die große europäische Wolfsspinne Lycosa narbonensis war die ursprüngliche Tarantel. Sie hieß so, weil sie in der Gegend um Tarent, einer süditalienischen Stadt, lebte. Im 14. Jahrhundert wurden dort plötzlich viele Menschen von Spinnen gebissen, und die Taranteln bekamen die Schuld. Die Leute glaubten, sie würden vom Biss der Tarantel nicht sterben, wenn sie bis zur Erschöpfung tanzten. Das nannte man „Tarantismus" und der Tanz und die Musik dazu hieß „Tarantella". Doch die relativ harmlose europäische Wolfsspinne war nicht die Verursacherin – mit großer Wahrscheinlichkeit war es die Schwarze Witwe. Als Europäer nach Amerika auswanderten, nannten sie alle großen, haarigen Spinnen dort „Taranteln". Heute wird der Name auch weltweit für Vogelspinnen verwendet.

Der Australischen Trichterspinne mit ihren großen Zangen, starkem Gift und aggressivem Verhalten geht man besser aus dem Weg. Männliche Trichterspinnen sind die einzigen Spinnenmännchen, deren Giftbisse für Menschen gefährlich sind.

Das Gift der Geigen-Spinne Nord- und Südamerikas ist für Menschen selten tödlich, zerstört aber Gewebe. Eine einzige Bissstelle kann bis zu 15 cm Durchmesser haben und 2,5 cm tief sein.

SPINNENGIFT
Von den rund 35 000 bekannten Spinnenarten haben nur 30 Gift, das dem Menschen wirklich gefährlich werden kann. Manche sind aktive Fallensteller und Jäger, andere ruhige Netzbauer. Und die meisten kommen in tropischen Regionen vor, wo wenig Menschen leben. Es gibt Gegengifte, mit denen Spinnenbisse behandelt werden können, sodass die Betroffenen sich meist wieder erholen.

WÖRTERBUCH

Die **LASSO-SPINNE** verdankt ihren Namen einem Seil, das amerikanische Cowboys beim Einfangen von Vieh benutzen. Am Ende des Lassos ist eine Schlinge befestigt. Wissenschaftler benannten die Lasso-Spinne danach, weil die Art, wie sie ihre Nahrung einfängt, der gleicht, mit der Cowboys ihre Lassos schwingen.

SCHON GEWUSST?

Einige Spinnenarten leben in riesigen Kolonien in den Regenwäldern Perus. Die Netze einer Kolonie können sich über 25 Quadratmeter ausdehnen und Tausende von Tieren beherbergen. Obwohl jedes einzelne Tier nicht größer als 2 cm ist, können sie in Teamarbeit sogar kleine Vögel erlegen.

WEGWEISER

- Wer ist der bessere Jäger – ein Insekt oder eine Spinne? Blättere zu S. 34–35, um die Leistungen zu vergleichen.
- Wirf einen Blick auf eine Rotknie-Vogelspinne kurz nach der Häutung. Sie ist auf S. 49 gezeigt.
- Warum Wissenschaftler Spinnengift sammeln, steht auf S. 61.

Wie hier auf einem weißen Blütenstrauch kann die Krabbenspinne ihre Farbe der Umgebung anpassen. Das Gift der Krabbenspinne ist bei Insekten sehr wirksam, sodass die kleine Spinne sogar Bienen tötet, die doppelt so groß sind wie sie.

Diese große Rotknie-Vogelspinne kann entweder in ihrem Schlupfwinkel darauf warten, dass ein Beutetier vorbeikommt, oder auf die Jagd gehen. Doch für einen Jäger kann sie sehr schlecht sehen und benutzt darum ihre Sinnesorgane an den Beinen, um Schwingungen wahrzunehmen, die von einer vorbeihuschenden Eidechse verursacht werden. Dann gräbt sie ihre Greifzangen – beide 1 cm lang – in ihr Opfer. Meist reicht das aus, um die Beute zu töten.

Die brasilianische Wanderspinne zählt zu den gefährlichsten Spinnen der Welt. Sie ist groß und aggressiv, und ihr Gift kann schon nach 15 Minuten zum Tod führen. Zum Glück kommt sie kaum in dicht besiedelten Gebieten vor.

Die südeuropäische Schwarze Witwe gehört zu den am meisten gefürchteten Giftspinnen. Die kleine Spinne beißt Menschen jedoch nur, wenn sie gestört wird.

Verteidigung

Die größten Spinnenjäger sind die Vögel, doch gleich danach folgen Eidechsen, Kröten und kleine Säuger. Spinnen fallen auch parasitären Insekten – wie der Schlupfwespe – und selbst ihren eigenen Artgenossen zum Opfer! Doch Spinnen haben Strategien entwickelt, die sie vor dem Gefressenwerden schützen. Manche Spinnen verstecken sich einfach – wie zum Beispiel Hausspinnen, die in ihren Schlupfwinkeln hocken, sechsäugige Krabbenspinnen, die sich im Sand vergraben, oder die asselfressenden Spinnen, die sich unter Steinen verbergen. Manche lassen sich blitzschnell aus ihrem Netz fallen und hoffen, dass kein Angreifer sie an ihrer Sicherheitsleine baumeln sieht. Andere entgehen der Aufmerksamkeit ihrer Feinde, indem sie sich tarnen oder wie ein gefährlicheres Tier aussehen.

Dann gibt es Spinnen, die so schlecht schmecken, dass sie es sich leisten können, sich dem Kampf zu stellen. Brasilianische Wanderspinnen sind hochgiftig und ihre grellroten Muster sind für Räuber eine deutliche Warnung. Große südamerikanische Vogelspinnen lassen Angreifern mit Stacheln besetzte Haare entgegenwehen und treiben sie so in die Flucht.

Das Leben im Untergrund kann viele Vorteile bieten, wenn es nicht gerade regnet und die Höhle voll Wasser läuft. Diese Falltürspinne baut um ihren Eingang einen Flutschutz aus Zweigen, damit der Regen ihr mit Seide ausgekleidetes Heim nicht beschädigt. Wenn ein Räuber wie dieser riesige Hundertfüßer hereinplatzt, verschwindet die Spinne in einem Geheimraum in der Seitenwand und schließt die Tür. Wenn klar ist, dass niemand zu Hause ist, zieht sich der Hundertfüßer zurück.

Rote Witwe

WÖRTERBUCH

TUNDRA ist von einem russischen Wort abgeleitet, das „sumpfige Ebene" bedeutet. Diese Landschaftsform ist typisch für den Norden Eurasiens und die antarktischen Inseln.

Die ARKTIS erhielt ihren Namen nach dem griechischen Wort arktos, das Bär bedeutet. Die Sternbilder des Großen und des Kleinen Bären sind über der Arktis zu sehen.

SCHON GEWUSST?

Die südamerikanischen Vogelspinnen haben zwar furchterregende Kiefer, aber ihr Gift ist nicht tödlich. Doch die Haare an ihren Hinterkörpern sind mit Widerhaken besetzt. Wenn eine Vogelspinne sich bedroht fühlt, reibt sie ganze Wolken dieser Haare mit den Hinterbeinen ab. Geraten sie einem Angreifer in Augen oder Nase, schlägt der Schmerz ihn in die Flucht.

WEGWEISER

• Sieh dir auf S. 35 an, was Wespen mit Vogelspinnen machen.
• Wie wenden Insekten Tarnung an? Lies darüber auf S. 42–43.
• Ausgefallene Formen sind für manche Spinnen ein Schutz. Mehr darüber erfährst du auf S. 51.

TARNUNGEN

Eine Skorpionspinne ahmt ein im Netz aufgehängtes trockenes Blatt nach. Warum? Weil kein Räuber ein totes Blatt fressen will. Bei anderen Gelegenheiten rollt diese Spinne die Spitze des Hinterleibs zusammen und ähnelt dann einem Skorpion.

Solange diese Flechten-Spinne sich ganz ruhig verhält, ist sie nicht von den Baumflechten zu unterscheiden. Räuber halten meist nach der bekannten Spinnengestalt Ausschau, doch ihre Umrisse sind auf der Rinde eines Baumes fast nicht zu sehen. Viele Spinnen tarnen auch ihre Eipakete mit Moos, Blättern und Zweigen.

Mehrere Spinnenarten ahmen Ameisen nach, weil Räuber deren Stichen und Bissen aus dem Weg gehen. Eine brasilianische Spinne aber, die Ameisen nachahmt, nutzt ihre Veränderung, um sich Ameisen zu nähern – und sie zu verspeisen!

Wenn die südafrikanische Weiße Tanzspinne Gefahr wittert, macht sie sich davon! Sie klappt ihre Beine unter ihrem Körper ein und rollt mit verblüffender Geschwindigkeit Sanddünen hinab.

In dem Versuch, einem Räuber zu entkommen, der sie an ihrem achten Bein gepackt hat, wirft diese Riesennetzspinne das Bein ab und läuft weg. Viele Spinnen trennen ihre Beine bei Gefahr ab, und es gibt keine Grenze, wie viele Beine sie verlieren können und trotzdem überleben, solange sie es schaffen, sich zu ernähren. Die Beine wachsen oft nach, wenn die Spinne noch mehrere Häutungen durchzumachen hat.

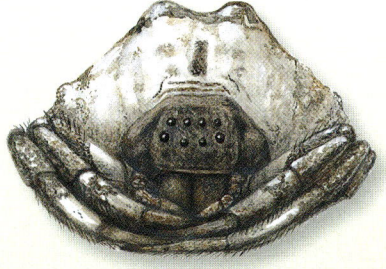

Die weibliche Vogelkotspinne schleppt bei Tage Vogelkot mit sich herum – ein wenig verlockender Bissen für Räuber. Doch nachts sendet sie einen Duftstoff aus, der männlichen Schmetterlingen vortäuscht, sie sei ein Schmetterlingsweibchen. Fallen sie darauf herein, werden sie verzehrt.

INSIDESTORY

Ein Gegengift

Bis ins späte 19. Jahrhundert hinein konnte jemandem, der von einer hochgiftigen Spinne gebissen wurde, kaum geholfen werden. Dann entwickelten Wissenschaftler ein Gegengift. Dazu müssen sie zunächst eine Probe des Gifts entnehmen. Sie versetzen der Spinne einen schwachen Elektroschock, bei dem sich ihre Giftdrüsen zusammenziehen und das Gift herausspritzt. Dann werden kleine Mengen davon einem Säugetier injiziert, das Antikörper entwickelt, die die Giftwirkung bekämpfen. Diese Antikörper werden dem Tierblut entnommen und einem Spinnenbissopfer injiziert – damit beginnt die Heilung.

Wegen ihres schmerzhaften Stichs greift kaum ein Räuber eine asiatische Ameisenbiene an. Diese Springspinne aus Borneo ahmt die Ameisenbiene fast perfekt nach, aber andersherum. Ihre langen Spinnwarzen sehen wie Insektenfühler aus.

Nördliche Amerikanische Schwarze Witwe   Rotrückenwitwe

Kurzflügler

Klauen der Jagdspinne

Worterklärungen

Abdomen Der hintere Teil des Körpers eines Insekts oder einer Spinne. Er enthält die Verdauungsorgane, das Atmungs- und Fortpflanzungssystem sowie das Herz.

Anpassung Veränderungen, die es einem Tier oder einer Pflanze ermöglichen, in einer bestimmten Umwelt oder unter bestimmten Lebensbedingungen zu überleben. Krabbenspinnen haben die Fähigkeit entwickelt, ihre Farbe zu verändern, um sich der Blüte anzupassen, auf der sie auf Beute lauern.

Arachniden Spinnentier. Ein Gliederfüßer mit acht Beinen. Spinnen und ihre Verwandten – darunter Zecken, Milben, Walzenspinnen und Skorpione – sind alle Arachniden.

Arachnologe Ein Wissenschaftler, der Spinnen und ihre Verwandten erforscht.

Arthropode Gliederfüßer. Ein Tier mit gegliederten Gliedmaßen und einem in Segmente (Abschnitte) aufgeteilten Körper, der von einem Außenskelett umgeben ist.

Bauchfuß Bauchfüße sind keine echten Beine, sondern gehören zur Körperhülle. Sie stützen den massigen Körper der Raupe.

Cephalothorax Kopf und Brust einer Spinne in einem Körperabschnitt. An ihm sitzen die Mundteile, die Tastbeine und die acht Laufbeine, und er enthält das Gehirn, die Giftdrüsen und den Saugmagen der Spinne.

Cheliceren Die Mundteile einer Spinne, mit denen eine Beute gepackt und manchmal zerquetscht wird. Meistens wird durch diese Klauen ein lähmendes Gift in die Opfer gespritzt.

Chitin Das leichte, aber widerstandsfähige Material, aus dem das Außenskelett und die Flügel eines Insekts bestehen.

Eisack Ein Gespinst, mit dem ein Spinnenweibchen seine Eier verpackt, um sie vor Feinden und vor Austrocknung zu schützen.

Elytren Flügeldecken. Die Vorderflügel eines Käfers. Diese beiden Flügel sind stark verhärtet und als Schutz für die dünnhäutigen Hinterflügel nach hinten gelegt. Beim Fliegen dienen sie zum Halten des Gleichgewichts.

Engerling Die Larve bestimmter Käfer. Er kann ähnlich wie eine Raupe aussehen.

Entomologe Insektenforscher

Evolution Die allmähliche Veränderung, zu der es bei Tieren und Pflanzen über längere Zeiträume kommt, wenn sie sich an Veränderungen in den Lebensräumen oder den Lebensbedingungen anpassen.

Fossil Die Überreste oder Abdrücke eines Organismus, die in Gestein oder einem anderen Material wie zum Beispiel Bernstein erhalten geblieben sind.

Fühler Feines Sinnesorgan am Kopf eines Insekts, mit dem es riecht, fühlt und schmeckt. Insekten haben zwei Fühler, die lang oder kurz sein können, dünn, verzweigt oder gefiedert.

Häutung Das Abstreifen einer äußeren Hülle des Körpers. Insekten und Spinnen werfen ihre alten Außenskelette ab, um wachsen zu können.

Imago Ein voll ausgebildetes, erwachsenes Insekt.

Kaste Eine soziale Gruppe, die bestimmte Aufgaben erfüllt. Ameisen und sozial lebende Bienen werden in zwei Kasten eingeteilt – die Königin und die Arbeiterinnen.

Kolonie Eine Gruppe von Tieren der gleichen Art, die zusammen leben und arbeiten. Die Bewohner eines Ameisennestes, eines Bienenstocks oder eines Termitenhügels sind Beispiele für eine Insektenkolonie.

Kommunikation Verständigung. Der Informationsaustausch zwischen Tieren.

Komplexauge Das Hauptaugenpaar eines Insekts, das aus vielen kleinen Augen oder Linsen besteht, die jedes eine Bewegung getrennt sehen.

Larve Das Jugendstadium von Insekten, die ganz anders als ihre Eltern aussehen und eine vollständige Metamorphose durchlaufen, bevor sie geschlechtsreif sind.

Legestachel Ein bei Weibchen der Insekten ausgebildeter Apparat zur Ablage von Eiern. Bei Bienen und Wespen hat er sich zu einem Stachel entwickelt.

Made Die beinlose Larve einiger Fliegen.

Mandibel Mundwerkzeug eines Insekts.

Metamorphose Der Vorgang der Gestaltumwandlung. Insekten verändern sich vom Jugend- zum Erwachsenenstadium durch unvollkommene oder vollkommene Metamorphose.

Mimikry Eine Überlebenstaktik, mit der ein Tier ein anderes nachahmt. Insekten und Spinnen können Angreifer glauben lassen, sie seien gefährlich oder giftig, was sie aber nicht sind, und verhindern so, gefressen zu werden.

Mimese Die Nachahmung von unbelebten Gegenständen der Natur oder Pflanzenteilen.

Nymphe Das Jugendstadium von Insekten, die ihren Eltern schon ähnlich sind und über mehrere Häutungen eine einfache Metamorphose durchleben, bis sie erwachsen sind.

Ordnung Eine große Gruppe verwandter Tiere und Pflanzen. Insekten

Kopf und Mundteile des Sandlaufkäfers   Schwarze Witwe

werden in rund 30 verschiedene Ordnungen eingeteilt, von denen jede bestimmte gemeinsame Merkmale aufweist. Spinnen gehören nur einer einzigen Ordnung der Arachniden an. Eine Ordnung wird in kleinere Gruppen eingeteilt, von Unterordnungen, Familien, Gattungen bis zu Arten.

Parasit Ein Lebewesen, das seine Nahrung einem anderen Lebewesen, dem Wirt, entzieht. Ein parasitäres Insekt ernährt sich vom Blut oder Körpergewebe des lebenden Wirts und schädigt diesen dabei, ohne ihn jedoch zu töten.

Pedipalpen Sinnesorgane einer Spinne. Eine Spinne hat zwei Pedipalpen oder Tastbeine, die an der Vorderkante ihres Brustkopfabschnitts sitzen und mit denen sie tasten, schmecken und riechen.

Pheromon Ein chemischer Duftstoff, mit dem sich viele Tiere verständigen, meist innerhalb der gleichen Art, einen Sexualpartner anlocken oder andere bei Gefahr warnen.

Population Gesamtheit der Individuen einer Art.

Proteine Eiweiße, die für alle Lebewesen unentbehrlich sind.

Punktaugen Kleine, lichtempfindliche Augen. Viele Insekten haben drei Punktaugen auf ihrer Stirn, die flugfähigen Insekten helfen, beim Flug das Gleichgewicht zu halten, und nachtaktiven Insekten helfen festzustellen, wann es dunkel wird.

Puppe Die Entwicklungstufe, die ein Insekt am Ende der vollkommenen Metamorphose durchläuft. In einer harten Puppenhülle lösen sich die Körperteile des Jugendstadiums auf und die Merkmale des erwachsenen Tieres erscheinen.

Raupe Die Larve eines Schmetterlings, meist wurmähnlich und weichhäutig.

Saugrüssel Ein saugrohrartiges Mundteil, mit dem Schmetterlinge flüssige Nahrung aufsaugen.

Schwarm Eine Masse Insekten, wie z. B. Bienen oder Heuschrecken, die sich versammeln und gemeinsam auf der Suche nach Nahrung und neuen Nistplätzen unterwegs sind.

Schwingkölbchen Auch Halteren genannt. Einer von einem paar knopfähnlicher Gebilde. Die Schwingkölbchen sind die umgewandelten Hinterflügel der Fliegen, mit denen sie beim Flug das Gleichgewicht halten und steuern können.

Segmente Einzelne Körperabschnitte bei Tieren.

soziales Insekt Ein Insekt, das mit Insekten der gleichen Art zusammenlebt, die Jungen aufzieht und Nahrung beschafft. Ameisen, Termiten und einige Bienen und Wespen sind soziale Insekten.

Spezies auch Art. Eine Gruppe einzelner Organismen, die gemeinsame fruchtbare Nachkommen zeugen können.

Spinnspulen Düsen, aus denen Spinnseide austritt.

Spinnwarzen Zwei bis sechs fingerähnliche Organe an der Spitze des Hinterleibs der Spinne. Aus den Spinnwarzen kommen verschiedene Seidenarten.

Stabiliment Dicke Seidenbahnen im Zickzackmuster. Sie schützen und verstärken ein Spinngewebe.

Stigma (Plural Stigmen.) Ein Atemloch an der Körperoberfläche eines Insekts, durch das Sauerstoff aufgenommen und Abfallstoffe wie Kohlendioxid ausgeschieden werden. Insekten haben zwischen zwei und elf Stigmenpaare. Auch Spinnen können ein oder zwei solcher Atemlochpaare besitzen.

Tarnung Farben oder Muster, die es einem Tier ermöglichen, mit seiner Umgebung eins zu werden. Insekten und Spinnen tarnen sich als Blätter, Rindenstücke oder Blüten.

Thorax Der mittlere Teil eines Insektenkörpers. Er sitzt voller Muskeln, mit deren Hilfe das Tier ein bis zwei Paar Insektenflügel sowie drei Paar Beine, die alle an ihm sitzen, bewegt.

Trachee Atemröhre. Menschen und andere Wirbeltiere besitzen nur eine Trachee, die zu den Lungen führt. Insekten und einige Spinnen haben ein ganzes Netz von Tracheen, die Sauerstoff zu den Organen und Zellen bringen.

Trommelfellorgane Membrane, die bei Grillen, Heuschrecken und Zikaden als Ohren dienen. Die Trommelfelle geraten durch Einwirkung von Schall in Schwingung, und diese Information wird über das Zentralnervensystem an das Gehirn weitergeleitet, sodass das Insekt hören kann.

Unvollkommene Metamorphose
Eine der beiden Hauptarten der Insektenverwandlung. Der Gestaltwechsel findet schrittweise vom Ei zur Nymphe bis zum ausgewachsenen Insekt statt. Heuschrecken, Schaben, Wanzen und Libellen machen diese Entwicklung ohne Puppenstadium durch.

Vollkommene Metamorphose
Eine der beiden Hauptarten der Insektenverwandlung. Das Insekt verwandelt sich vom Ei über eine Larve und über eine Puppe in das erwachsene Tier. Die Larve sieht ganz anders als das erwachsene Insekt aus, und die Gestaltumwandlung findet plötzlich statt, wie man es bei Schmetterlingen, Faltern, Käfern, Fliegen, Bienen, Wespen und Ameisen beobachten kann.

Wirbeltier Ein Tier mit einer Wirbelsäule z. B. Fische, Vögel, Reptilien und Säugetiere.

Register

Bibliografische Information der Deutschen Nationalbibliothek
Die Deutsche Nationalbibliothek verzeichnet diese Publikation in der Deutschen Nationalbibliografie. Detaillierte bibliografische Daten sind im Internet über http://dnb.d-nb.de abrufbar.

3 2 1   11 10 09

© 2009 Ravensburger Buchverlag Otto Maier GmbH · Postfach 1860 · 88188 Ravensburg
für die deutsche Ausgabe. Alle Rechte, auch die des auszugsweisen Nachdrucks, der fotomechanischen Wiedergabe und der Übersetzung, vorbehalten.
Titel der Originalausgabe: Birds, Insects and Spiders · © 1999 Weldon Owen Pty Limited · Text: Matthew Robertson · Illustrationen: Sandra Doyle/Wildlife Art Ltd, Christer Eriksson, Ray Grinaway, Ian Jackson/Wildlife Art Ltd, James McKinnon, Rob Mancini, Steve Roberts/Wildlife Art Ltd, Chris Shields/Wildlife Art Ltd, Kevin Stead · Übersetzung aus dem Englischen: Christel Wiemkenn
Printed in Germany
ISBN 978-3-473-55277-1

www.ravensburger.de

BILDNACHWEISE: (o=oben, u=unten, l=links, r=rechts, m=Mitte, U=Umschlag) AdLibitum 5u, 8ul, 15mr, 17um, 39um, 51ul, 54o (M. Kaniewski). Auscape 6lo (K. Atkinson), 18ol (J.Cancalosi), 42or (M. Doolittle-Peter Arnold), 14ml, 49m, 56o (R Goetgheluck-Pho.n.e), 11um (CA. Henley), 44mr (J. Shaw), 36mr (J. Sierra-OSF). Bruce Coleman Ltd. 20ml (J. Burton), 19ur (R.R Carr), 20or, 35u, 61m (M. R L. Fogden), 14or, 26m (K.Taylor), 17om (P . Zabransky). CSIRO 32ul (R. Moran/M. Robertson). E.T.Archive 58l (Private Collection, Neapel). Image Library-State Library of New South Wales 36l. Frank Lane Picture Agency 54m (B. Borrell), 38or (S.C. Brown), 48mr (Silvestris). Minden Pictures 24l (M. Moffett).

Nature Focus 48ul (C. Bento), 53u (R. Mascord). NHPA 36or (G. I. Bernard). Oxford Scientific Films 18or (C.Bromhall), 34l (S. Camazine), 11l (M. Fogden), 54o (J. Mitchell), 58or (S. Morris), 28or (R.Packwood), 44or (R Parks), 57ol (V. Sinha). The Photo Library 23mr (R Cheskey), 22m (Eye of Science/SPL), 22or (R.R. Hansen), 12mr (C. Krebs), 39tom (Nuridsany & Perennou/SPL), 10ul, 50r (D. Scharf/SPL),43u (R. Smith), 10um, 10or, 11 ul (A. Syred/SPL), 9m (Dr, Paul Zahl). Photo Researchers Inc. 12mor, 12or (L Lessin). Planet Earth Pictures 17m (G. du Feu), 52l, 57m, 59or (S. Hopkin), 51ol (W.B. Irwin), 24or, 35o, (D.P. Maitland), 52r (P. Palmer). Premaphotos Wildlife 29o, 40l, 43o, 44ul, 61o (K. G. Preston-Mafham). Tom Stack and Associates 32or, 40r (D.M. Dennis), 26ul (J. Shaw).

ILLUSTRATIONSNACHWEISE: Susanna Addario 10om. Anne Bowman 30mr, 34u, 35u, 60um, 60o, 61u, 61r, 62ul. Sandra Doyle/Wildlife Art 4ur, 5or, 6or, 7ol, 10/11m, 11m, 11or, 18/19m, 18u, 18ml, 19u, 31ol, 38u, 38m, 38o, 39u, 39m, 39or, 46mr, 46ul, 47ur, 47um, 50u, 50o, 51u, 51m, 51or, 52/53m, 52o, 53u, 53r, 53or, 62or, 62ur, 63ur. Simone End 10um, 11ul. Christer Eriksson 8ol, 28/29m. Ray Grinaway 6ol, 8/9m, 8r, 9mr, 9or, 10ol, 28o, 28u, 29r, 29um, 31ur, 44/45m, 44u, 44o, 45r, 47ol, 54o, 54u, 55u, 55m, 63um. Ian Jackson/Wildlife Art 6mr, 6ur, 12u, 12ml, 12om, 12ol, 13u, 13m, 14/15m, 14u, 15u. Frank Knight 16ur, 16om, 16ol, 17ul, 17r. David Kirshner 8om, 9ul. Rob Mancini 4or, 7m, 22ur, 22l, 23ur, 23m, 26ol, 46or, 47m, 48ul, 48o, 49u, 49m, 56m, 56o, 57ü, 57mu, 57r, 63ol. James McKinnon 4mru, 31 ml, 34/35m, 34r, 34ol, 42m, 42o, 43u, 43l,43r, 43or, 60m, 61l, 63ul. Steve Roberts/Wildlife Art 7r, 7ml, 20/21m, 21r, 21ol, 26/27m, 26um, 26o, 27u, 27mr, 27o, 30or, 31or, 32um, 32ur, 32ml, 32ot, 33r, 33m, 40u, 40o, 41 u, 41 m, 62ol, 63or. Trevor Ruth 8um. Claudia Saraceni 28u, 28o, 29u, 29r. Chris Shields/Wildlife Art 30ur, 36u, 36o, 37u, 37m, 58ul, 58ml, 58o, 59u, 59m. Kevin Stead 4mro, 7mr, 7or, 9ur, 10ul, 11ur, 11um, 11ur, 14ol, l4or, 16/17m, 16ul, 24/2m, 24u, 24om, 24ol, 24or, 25u, 60ul.

UMSCHLAGSFOTOS: mauritius images / Fritz Rauschenbach (Wespe unten), Digitalstock / N. Schmid (Spinne oben), Digitalstock / F. Fischer (Marienkäfer oben), Digitalstock / M. Schmahl (Spinnennetz Hintergrund).